IFCT0083

ACESIBILIDAD WEB

IFCT0083

ACESIBILIDAD WEB

Pablo E. Fernández Casado

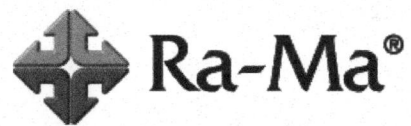

La ley prohíbe
fotocopiar este libro

IFCT0083 - ACCESIBILIDAD WEB
© Pablo E. Fernández Casado
© De la edición: Ra-Ma 2024

Editado por:
RA-MA Editorial
Calle Jarama, 3A, Polígono Industrial Igarsa
28860 PARACUELLOS DE JARAMA, Madrid
Teléfono: 91 658 42 80
Fax: 91 662 81 39
Correo electrónico: *editorial@ra-ma.com*
Internet: *www.ra-ma.es* y *www.ra-ma.com*
ISBN: 978-84-1036-050-1
Depósito legal: M-19888-2024
Maquetación: Antonio García Tomé
Diseño de portada: Antonio García Tomé
Filmación e impresión: Safekat
Impreso en España en septiembre de 2024

A mi madre,
que siempre me apoyó en todas mis decisiones,
por muy absurdas que pudieran parecer

ÍNDICE

AUTOR

Ingeniero informático, músico compositor, filántropo, escritor y profesor.

A la edad de 14 años descubrí mi vocNotsación casi por accidente y, un año más tarde, empecé a programar de forma autodidacta. Pocos años después, en 1992, realicé un software de aprendizaje de cardiología para los estudiantes de la Universidad Complutense de Medicina de Madrid mientras continuaba formándome como profesional. Posteriormente estuve dando clases a jóvenes en la academia Santillana, trabajando como Administrador de Sistemas y como Técnico de reparación de ordenadores hasta que, en 1996, empecé la Ingeniería Técnica de Sistemas Informáticos.

Paralelamente, empecé a realizar proyectos de I+D sobre nuevas tecnologías, redes sociales, servicios, e-commerce, seguridad, SEO y movilidad con fines no lucrativos. Después de muchos altibajos que marcaron mi vida personal y profesional en 2008 empecé a trabajar para Hewlett Packard como Full Stack Developer en Soluciones Integrales de Administración IT, administración de sistemas y desarrollo de aplicaciones web. Desde 2011 hasta 2014 estuve trabajando en varias empresas realizando diseño, desarrollo interfaces de programación de aplicaciones, integración con otras plataformas y servicios, SEO Orgánico, analítica Web y análisis funcional hasta que aterricé en Sopra-Steria dónde poco a poco fui entrando en la Experiencia de Usuario, Usabilidad y Accesibilidad Web hasta que, actualmente, soy el Responsable de UX del Sector Público y Retail.

1

DISEÑO CENTRADO EN LA ACCESIBILIDAD

"Un sistema usable puede que no sea accesible pero un sistema accesible, seguro que es usable"

Pablo E. Fernández

1.1 QUÉ ES LA ACCESIBILIDAD WEB

La accesibilidad es la cualidad de accesible, un adjetivo que se refiere a aquello que es de fácil acceso, trato o comprensión. El concepto se utiliza para nombrar al grado en el que todas las personas, más allá de sus capacidades físicas o técnicas, pueden utilizar un cierto objeto o acceder a un servicio.

Existen diversas ayudas técnicas para promover la accesibilidad y equiparar las posibilidades de todas las personas. Esto supone que un lugar que presenta buenas condiciones de accesibilidad puede recibir a toda clase de gente sin que exista un perjuicio o una dificultad para nadie.

Una de estas ayudas técnicas más comunes es lo que se denomina tecnología asistiva. **Una tecnología asistiva** (TA) es una herramienta utilizada para permitir que personas o usuarios con discapacidad puedan beneficiarse de las mismas ventajas que sus pares sin discapacidad.

Cuando se habla accesibilidad Web, en realidad, se hace referencia a una serie de normas de diseño que van a permitir a todo tipo de usuarios (con o sin discapacidad) percibir, entender, navegar e interactuar con una interfaz o sistema.

Un grupo de estas normas se conocen como **Pautas de Accesibilidad para Agentes de Usuario** (UAAG) y muestran cómo hacer que las herramientas formadas por navegadores, reproductores multimedia y tecnologías asistivas, entre otras, sean accesibles para personas con discapacidad.

Otro grupo de normas son las denominadas **Pautas de Accesibilidad para Herramientas de Autor** (ATAG) y tienen como objetivo definir la forma en la que las herramientas ayudan a los desarrolladores o diseñadores a producir un contenido que cumpla todas las Pautas de Accesibilidad al Contenido en la Web (WCAG).

Las ATAG están pensadas *principalmente* para desarrolladores entre las que se incluyen:

- Editores de HTML y XML de WYSIWYG (What You See Is What You Get).

- Procesadores de texto o paquetes de publicación.

- Herramientas de conversión que transforman formatos de publicación a HTML.

- Edición y producción de vídeo, paquetes de autor de SMIL.

- Gestores de contenido (CMS), herramientas de conversión instantánea o de publicación de sitios Web.

- Herramientas de diseño (SASS, SVG o gráficos vectoriales, minificadores, …).

1.1.1 Tipos de discapacidad

Actualmente, muchos de los sistemas, por no decir la mayoría, son inaccesibles (en mayor o menor media) lo que dificulta o imposibilita la utilización Internet para muchos usuarios con discapacidad.

La accesibilidad Web engloba los tipos de discapacidades en cuatro grandes grupos:

- La **discapacidad visual** es una anomalía parcial o total del sentido de la vista y que puede referirse desde a una pérdida de visión hasta a una sensibilidad especial a la fotografía o a la luz.

- La **discapacidad física** es un tipo de anomalía que imposibilita o dificulta, a quien la padece, el control de las funciones motoras o de su cuerpo.

- La **discapacidad auditiva** es una anomalía parcial o total del sentido del oído y que puede referirse desde a una pérdida de audición parcial, lo que se denomina hipoacusia, hasta a una pérdida total, lo que se conoce como cofosis.

- La **discapacidad intelectual** es una anomalía que imposibilita o dificulta realizar funciones de tipo mental como es el habla, el cuidado personal o la integración social y no tiene por qué estar asociada a ninguna enfermedad o trastorno ya que, mucha de la población mundial, tiene algún tipo de discapacidad intelectual. También se la suele denominar **discapacidad cognitiva** si va referida al desarrollo intelectual y/o la adaptación social de algunas personas.

Viendo la cantidad de discapacidades que existen y la cantidad de usuarios que poseen una o varias de ellas, se hace imperioso la necesidad de suministrar accesibilidad a las interfaces o sistema. No sólo porque aumente su usabilidad, ni porque pueda tener mejor indexación con los motores de búsqueda, sino porque lo importante son los usuarios.

1.2 TECNOLOGÍAS DÓNDE LA ACCESIBILIDAD WEB ES APLICABLE

HTML (HyperText Markup Language) y XHTML (eXtensible HTML)

Los lenguajes de marcado HTML y XHTML pueden ser buenos recursos a la hora de hacer una web accesible.

Mientras que HTML está basado en la tecnología denominada Standard Generalized Markup Language (SGML; ISO 8879: 1986), XHTML está basado en Extensible Markup Language, también conocido como XML. La principal diferencia es que XHTML es mucho más estricto y, por ello, algunos métodos pueden ser mucho más difíciles de conseguir, sin contar que, XHTML, no es semántico.

Realizar una web semántica no implica más tiempo de desarrollo, ni más coste que una web no semántica. De hecho, cuando se aplican estructuras semánticas, el desarrollo se vuelve más fácil con el tiempo, se mejora el Posicionamiento SEO y los diseños receptivos se vuelven más sólidos. Además, puede disminuir el tamaño de los archivos y aumentar el rendimiento en general.

No obstante, una web no se vuelve accesible sólo por estar construida bajo una estructura semántica, también necesita de, atributos, propiedades y/o metadatos que mejoren el acceso a los contenidos.

Los datos personalizados son un tipo de atributos que suelen utilizarse para guardar datos privados en las páginas, no obstante, también sirven para asignar descriptores como es el caso de la WAI-ARIA.

Los metadatos y los elementos de cabecera, como puedan ser H1...H6 pueden ser también de gran ayuda en lo referente a mejorar la accesibilidad web, así como la integración con otras tecnologías como JavaScript, CSS o SMIL.

CSS (Cascading Style Sheets)

El lenguaje CSS es un lenguaje de diseño que permite la personalización de documentos estructurados escritos con otro lenguaje de marcado, como pueda ser HTML o XHTML.

El uso de CSS debe intentar utilizarse para contenidos que no sean relevantes, ni tampoco como elemento diferenciador de accesibilidad. Lo que sí se puede hacer es apoyarse en él para aumentar ayudar o aumentar la accesibilidad. Por ejemplo, un contenido no textual decorativo, como pueda ser una imagen de fondo, debe ser expuesta a través de CSS.

No obstante, también tiene otras cosas interesantes, como es el módulo de discurso o **CSS Speech Module**. Este complemento de CSS permite definir cómo se hablan o pronuncian los elementos de un documento.

Entre otras cosas, permite definir el volumen y distribución espacial de la voz, cómo se debe realizar la descripción auditiva del contenido de voz, dónde, cuándo y de cuanto deben ser los silencios o las pausas antes o después de los elementos, dónde, cuándo y qué sonidos se deben reproducir antes o después de lo elementos, el énfasis, velocidad, tipo y género de la voz y los estilos en elementos de tipo lista y contador.

JavaScript

Cuando se desea realizar una web accesible se debe tratar de no abusar del JavaScript porque puede bajar el rendimiento del sistema o interfaz. Además, no debe ser intrusivo, es decir, las funcionalidades de la página deben seguir funcionando, aunque el usuario decida desactivar la interpretación del código JavaScript.

También es importante que las acciones y eventos no se ejecuten por sí solas, es decir, no se deben mostrar diálogos emergentes, anuncios, llamadas a servidor, etc., si no el usuario no lo ha solicitado de manera expresa.

Si la ejecución de una acción implica la apertura de una ventana emergente o nueva, se debe informar previamente al usuario.

Y, cómo no, al igual que sucede con otros lenguajes como HTML y CSS, debe estar separado del resto, es decir, el CSS debe estar en un archivo diferente a los de HTML y JavaScript.

Flash

Si se decide utilizar esta tecnología, que personalmente no la recomiendo porque existen otras opciones mejores, se debe proporcionar equivalencias textuales siempre que se pueda, un contexto de la estructura de la película, en un orden correcto, con todos los controles de animación visibles y proporcionar acceso por teclado a todos los controles que puedan ser manipulados por el dispositivo de puntero

Además, se deben utilizar todos los controles o funciones relacionados con la accesibilidad web, esto es, se deben utilizar los componentes de simple button, check box, radio button, label, text input, text area, combo box, list box, window, alert y data grid.

También es importante que se proporcionen subtítulos cuando se usen vídeos o audios, que se pueda controlar el vídeo o audio sin que interfiera con los asistentes de voz y, en general, dar soporte a los usuarios con discapacidad total o parcial de visión.

PDF (Portable Document Format)

Un PDF es accesible si el contenido puede ser utilizado por usuarios con o sin discapacidad e independientemente del contexto de uso.

Básicamente, para que un PDF sea accesible, se debe indicar el idioma del archivo, incluir textos alternativos a las imágenes informativas, proporcionar un etiquetado de todos los elementos del documento y asignarle todos los metadatos necesarios para que las tecnologías de asistencia puedan describirlo adecuadamente.

Además, es importante revisar el orden de lectura y la paginación, incluir textos alternativos a todos los enlaces describiendo su objetivo y contexto, asegurarse de que la secuencia de tabulación tiene el orden correcto y que los ajustes de seguridad no interfieran el acceso a la información que debe poder acceder el lector de pantalla o tecnología de asistencia.

XSL (Extensible Stylesheet Language)

XSL es un conjunto de recomendaciones que se utilizan para definir y mantener la transformación, presentación e interacción de información estructurada, sobre todo, en documentos XML.

Desde que se estandarizó HTML5 y se abandonaron los desarrollos en HTML estricto y transicional, cada vez menos se recurre a este tipo de tecnologías, a no ser que se esté trabajando en arquitecturas requerimientos muy específicos porque JSON es más ligero, rápido y personalizable.

Para mejorar la accesibilidad XSL permite presentar información visual y no visual con pretensiones de ayudar a CSS posibilitando funcionalidades no definidas a través de CSS, como pueda ser la reordenación de elementos.

Reproducción multimedia

Uno de los problemas que tienen los y videos y el multimedia es que no todos los navegadores soportan la reproducción a pantalla completa y, además, tener que personalizarlos de forma corporativa o sofisticada puede volverse una tarea muy ardua y tediosa.

Históricamente, los desarrolladores sólo podían incrustar un archivo que no tenía la posibilidad de reproducirse sin descargarlo por completo, adquirir un desarrollo de terceros (que normalmente no era compatible con todos los navegadores) o utilizar un servidor de medios dedicado (lo que suponía un incremento muy alto de mantenimiento).

Actualmente varias hay opciones para poder realizar streaming desde las interfaces, aunque según qué navegador vaya a reproducir el contenido multimedia, requerirá utilizar uno u otro tipo de codificación diferente.

En lo referente al tema que nos ocupa, al igual que pasa con las animaciones, sliders u otros componentes como son los banners, todos ellos pueden implementar a través de HTML5 y CSS. Eso sí, su implementación debe cumplir con todos los requerimientos descritos en la recomendación WCAG 2.1 comentada anteriormente.

SVG (Scalable Vector Graphics)

Los Gráficos Vectoriales Escalables o SVG son una forma de crear gráficos más accesibles, rápidos y efectivos. Se podría decir que los principales usuarios que se benefician son sólo los que presentan algún tipo de discapacidad o incapacidad, o aquellos usuarios que disponen de dispositivos y conexiones lentas, sin embargo, nada más lejos.

Por supuesto que beneficia, y mucho, a aquellas personas que presentan una discapacidad visual total o parcial o a los usuarios que usan tecnologías asistivas, pero también los demás usuarios se benefician porque reducen de manera considerable el tamaño de las páginas y transferencias, requieren menos recursos de memoria y CPU y permiten ser mostradas en cualquier resolución sin perder calidad.

La forma de hacer que un gráfico vectorial sea más accesible es proporcionar textos descriptivos en los objetos que indiquen su función, proveer a los controles de cualidades únicas que no se basen únicamente en el color, no incluir texto como paths o imágenes y no utilizar el elemento "g" o descripciones lógicas para cosas que no sean estructurar los documentos.

Además, es recomendable que se utilicen altos contrastes, medidas relativas y, si procede, se representen las relaciones matemáticas con algún lenguaje de marcado matemático como es **MathML**.

Silverlight

Microsoft Silverlight es una herramienta para aplicaciones web del mismo modo que lo hace Adobe Flash. Entre otras cosas, agrega funcionalidades multimedia como la reproducción de vídeos, gráficos vectoriales, animaciones e interactividad.

Aunque es una tecnología que ya no se utiliza en gran medida, las Pautas de Accesibilidad para el Contenido Web contemplan varias casuísticas y proporcionan muchos ejemplos para ayudar a solucionar todos los posibles problemas.

1.3 LEGISLACIÓN Y ESTÁNDARES

El Portal de la Administración Pública (PAe) pone a disposición de todos los ciudadanos, organismos, empresas y organizaciones el acceso y descarga de todas las normativas y legislación aplicables a la geografía española. La presente redacción es está extraída a febrero de 2020.

1.3.1 Norma EN 301 549:2018

Más información en

https://www.etsi.org/deliver/etsi_en/301500_301599/301549/02.01.02_60/ en_301549v020102p.pdf

La norma EN 301 549:2018, titulada Requisitos de accesibilidad para productos y servicios TIC, actualmente en la versión 2.1.2 especifica los requisitos funcionales de accesibilidad aplicables a los productos y servicios que incluyan TIC (sitios web, software, apps nativas, documentos, hardware, etcétera). Además de describir los procedimientos de prueba y la metodología de evaluación a seguir para cada requisito de accesibilidad.

En esta nueva versión, declarada por la Comisión Europea como estándar armonizado para la aplicación de la Directiva de Accesibilidad Web en la Decisión de Ejecución (UE) 2018/2048 de la Comisión, debe ser aplicada desde el 21 de diciembre de 2018, para todas las Administraciones Públicas españolas.

1.3.2 Norma UNE 139803:2012

Más información en

http://administracionelectronica.gob.es/PAe/accesibilidad/UNE139803=2012.pdf

La UNE 139803:2012, titulada, Requisitos de Accesibilidad para contenidos en la web, es una norma que establece los requisitos referentes a las Pautas de Accesibilidad para el Contenido Web (WCAG), de la Iniciativa de Accesibilidad Web (WAI) y del Consorcio de la World Wide Web (W3C). Es equivalente a la WCAG 2.0 AA.

1.3.3 Estándar ISO/IEC 40500:2012

Más información en

http://www.iso.org/iso/iso_catalogue/catalogue_tc/catalogue_detail. htm?csnumber=58625

El estándar ISO/IEC 40500:2012, titulada, Pautas de Accesibilidad para el Contenido Web (WCAG) 2.0, cubre una amplia gama de recomendaciones para hacer que el contenido web sea más accesible haciendo que personas con discapacidad auditiva, visual, física, intelectual o cognitiva puedan beneficiarse de Internet.

1.3.4 Comparativa de estándares sobre accesibilidad web

A continuación, se resumen algunas normas gubernamentales sobre los estándares de accesibilidad a nivel mundial. En general, estas normas se suelen aplicar a los sistemas de las agencias gubernamentales más que a sistemas comerciales, a excepción de Australia y Noruega, donde todos los sistemas e interfaces deben cumplir la normativa.

País	Estándar / Legislación
Australia	WCAG 2 AA / DISABILITY DISCRIMINATION ACT
Canadá	WCAG 2 AA / Human Rights Act 1977
UE	WCAG 2 AA / European Parliament Resolution (2002)
Francia	**RGAA 3** (basado en WCAG 2) / LAW No **2005-102**, ARTICLE **47**
Alemania	**BITV 2** (basado en WCAG 2) / Federal Disabled Equalization Law (BGG)
Hong Kong	WCAG 2 AA
India	GIGW (basado en WCAG 2 A) / GUIDELINES FOR INDIAN GOVERNMENT WEBSITES
Irlanda	WCAG 2 AA / THE DISABILITY ACT **2005**
Israel	WCAG 2 AA / EQUAL RIGHTS OF PERSONS WITH DISABILITIES LAW, **5758-1998**
Italia	WCAG 2 /LAW No. **4/2004** (STANCA LAW)
Japón	**X 8341-3:2016** (iagual a WCAG 2)
Países Bajos	WCAG 2 AA
N. Zelanda	WCAG 2 AA / HUMAN RIGHTS AMENDMENT ACT **2001**
Noruega	WCAG 2 AA (con excepciones) / **LOV 2008-06-20** NR **42**
Ontario	**AODA** (equivalente a WCAG 2 AA)
Quebec	SGQRI 008 (basado en WCAG 2) / STANDARDS SUR L'ACCESSIBILITÉ DU WEB
España	WCAG 2 AA (UNE 301 549:2019)
Reino Unido	WCAG 2 AA / EQUALITY ACT **2010**
USA	Section 508 (basado en WCAG 1) / SECTION **508** OF REHABILITATION ACT

Figura 1.1. Resumen de normas a nivel mundial.

1.3.5 Estándar SMIL

Más información en

http://www.w3.org/tr/smil3/

SMIL (Synchronized Multimedia Integration Language) es un estándar de la W3c que está basado en XML y que permite a los diseñadores integrar audio, video, imágenes, texto o cualquier otro contenido multimedia a las interfaces. Ahora mismo está vigente la versión 3.0.

Su antecesor, SMIL1.0 permitía a los desarrolladores o diseñadores describir el comportamiento temporal de la presentación, su disposición en la pantalla y asociar enlaces a los objetos.

Según se ha ido avanzando en número de versión, se han ido ganando nuevas características que han ayudado a la navegación y animación, que han proporcionado soporte para realizar broadcast, han incluido nuevas funcionalidades en el formato visual y un incremento en el rendimiento, característica de gran importancia si se contextualiza en el mundo de los dispositivos móviles.

Finalmente, en diciembre de 2008 aparece la recomendación SMIL 3.0 que se desarrolla pensando en la construcción de aplicaciones multimedia en plataformas que soportan los estándares Web. Por ejemplo, en este nuevo estándar se pueden añadir presentaciones multimedia de forma segura a otras aplicaciones XML, incluyendo HTML y SVG. SMIL 3.0, además, facilita el desarrollo de aplicaciones multimedia sobre plataformas móviles y posee una versión llamada "SMIL Tiny" que es un perfil mínimo de SMIL 3.0 perfecto para sistemas incrustados y aplicaciones ligeras, como reproductores multimedia.

SMIL 3.0 es un estándar que beneficia a todos, pero especialmente, a los usuarios con discapacidad visual ya que permite cubrir sus necesidades de una forma sencilla y organizada.

1.3.5.1 MÓDULOS DE SMIL

- ▶ **Módulo de disposición**: Permite definir las propiedades o atributos para posicionar los contenidos, el orden de visualización en espacios coincidentes, tamaño y posición de las regiones, el color de fondo o la forma de ajuste.

- ▶ **Módulo de sincronización**: Permite definir las propiedades o atributos para establecer los valores de inicio y fin por defecto, la duración, el modo de reproducción, el tipo de iteración, número de veces a iterar y los valores máximo y mínimo del objeto multimedia, entre otros.

- ▶ **Módulo de animaciones**: Permite cambiar dinámicamente las propiedades de objetos de contenido como el color o posición, el modo de cambio y/o el tipo de cambio.

- ▶ **Módulos de control de contenidos**: Permite definir las propiedades o atributos para controlar la representación de uno u otro contenido mediante son el bitrate, el idioma, el tamaño de la pantalla, los subtítulos y/o la CPU.

▶ **Módulo de enlaces**: Permiten definir algunas propiedades para interactuar con los usuarios.

▶ **Módulo de metadatos**: Permite definir la descripción del contenido como es el autor, el título o el email, por ejemplo.

▶ **Módulo de transiciones**: Permite definir cómo se van a realizar las transiciones en el objeto multimedia, su duración, color de desvanecimiento y el modo de transición, entre otros.

Existen bastantes reproductores que permiten leer e interpretar ficheros SMIL y trascribir las acciones que en él se describen.

1.3.5.2 EJEMPLO DE CONTENIDO SMIL

```
<smil>
    <head>
        <meta name="author" content="Pablo Fernández"/>
        <meta name="title" content="Ejemplo multimedia"/>
        <meta name="copyright" content="(c)2018 PEFC"/>
    </head>
    <body>
        <switch>
            <par system-bitrate="700000">
            <!—Para resoluciones >= 1280x720 -->
                <audio src="audio/audioHD.snd"/>
                <video src="video/videoHD.avi"/>
                <image src="lyrics/imagenHD.jpg"/>
            </par>
            <par system-bitrate="350000">
            <!—Para resoluciones >= 320x240 -->
                <audio src="audio/audioMobile.snd"/>
                <video src="video/videoMobile.avi"/>
                <image src="lyrics/imagenMobile.jpg"/>
            </par>
        </switch>
    </body>
</smil>
```

Código 8.1. Ejemplo de descripción multimedia SMIL.

1.3.6 La iniciativa WAI ARIA

Más información en

https://www.w3.org/WAI/standards-guidelines/aria/

La WAI ARIA (Web Accessibility Initiative Accessible Rich Internet Applications) es una iniciativa del W3C que define o describe una forma de realizar contenidos accesibles. Es muy eficiente con contenidos dinámicos y desarrollos creados bajo los lenguajes HTML, Ajax o JavaScript.

El objetivo principal de este estándar es proporcionar información adicional y útil en las diferentes partes del contenido, sirviendo de ayuda para los usuarios finales que utilizan tecnologías asistivas tales como un lector de pantalla.

La WAI ARIA proporciona una serie de atributos que funcionan como identificadores de las diferentes partes de la aplicación que interactúa con el usuario. También se incluyen mapeo de controles, roles y eventos para la accesibilidad de las APIs (Application Programming Interfaces).

1.3.6.1 PARTES DE LA WAI ARIA

WAI ARIA propone a los desarrolladores una serie de soluciones destinadas a **hacer accesibles widgets, áreas activas y demás componentes enriquecidos** que se encuentran en la mayoría de las aplicaciones web en la actualidad.

Para ello se describen unos **roles y propiedades** con la finalidad de otorgar de información a los productos de apoyo y para que interactúen adecuadamente con los componentes más normales de las aplicaciones web.

1.3.6.1.1 Roles

Los roles de WAI ARIA proporcionan un nombre que identifica la funcionalidad de la estructura o contenido. A continuación, se muestra el ejemplo de un widget sencillo en el que se ha querido representar una barra de herramientas con las tres funcionalidades propias del portapapeles.

```
<ul role="toolbar" tabindex="0" aria-activedescendant="copy">
    <li id="copy">Copiar</li>
```

```
    <li id="cut">Cortar</li>
    <li id="paste">Pegar</li>
</ul>
```

Código 8.2. Ejemplo de barra de navegación para gestión del portapapeles.

Otro ejemplo de muestra sobre el atributo role es el utilizado en HTML5 para formar estructuras usables y accesibles:

```
<nav id="nav" role="navigation">
    <!-- contenido de navegacion -->
</nav>
<section id="main" role="main">
    <!-- contenido principal -->
</section>
<div id="banner" role="banner">
    <!-- contenido anuncios -->
</div>
```

Código 8.3. Ejemplo de descripción de estructura.

1.3.6.1.2 Estados y propiedades

Las propiedades pueden establecer diferentes estados en los componentes, definir regiones dónde actualizar contenidos o describir las funciones de arrastrar y soltar.

A diferencia de los roles que sólo disponen de un atributo para definir los valores, los atributos de estados y propiedades son muchos y cada uno de ellos puede tomar uno o varios valores. Además, algunos de los estados y propiedades son aplicables de manera global a todos los elementos independientemente de si se aplica un rol o no.

```
<h1 id="title1">Vista de la Vía Láctea desde Ávila</h1>
<p id="description">
    <!-- contenido de la descripción -->
</p>
<picture>
    <img src="allocate1.png"
         alt="descripción corta"
         aria-labelledby="title1"
         aria-describedby="descripction" />
</picture>
```

Código 8.4. Ejemplo de descripción de una imagen accesible.

Atributos de componente

Estos están pensados para apoyar a los roles y para definir elementos de E/S. A continuación, se muestra un ejemplo típico de definición de atributos WAI ARIA para un campo de entrada de tipo texto.

```
<label for="name">Nombre
    <input type="text"
        id="name"
        name="name"
        required="required"
        aria-required="true" />
</label>
```

Código 8.5. Ejemplo de descripción de campo de texto accesible.

También se pueden establecer atributos que definan las regiones activas que pueden ser actualizadas aun sin hacerse a petición del usuario.

```
<p aria-live="polite">Nombre
    <!-- contenido del párrafo -->
</p>
```

Código 8.6. Ejemplo de definición de región activa.

Si observamos el código anterior, al elemento de párrafo se le ha añadido un atributo de región activa ARIA-LIVE con el valor POLITE. Una tecnología asistiva que reconozca el estándar WAI ARIA sabrá que párrafo será un área activa que podrá ser actualizada, en un futuro, con otro contenido.

Si el valor del atributo es POLITE, el contenido podrá ser actualizado una vez haya acabado las tareas que esté haciendo en ese momento el usuario. Si el valor del atributo es ASSERTIVE, el contenido podrá ser actualizado, aunque el usuario no haya terminado las tareas en ese momento.

1.3.6.1.3 Atributos de arrastrar y soltar

Los atributos de arrastrar y soltar (drag & drop) permiten proporcionar información de cómo se realiza la funcionalidad.

```
<div role="menuitem" aria-dropeffect="copy move">
    <!-- contenido del párrafo -->
</div>
```

Código 8.7. Ejemplo de descripción de efecto drag & drop.

En el ejemplo anterior, el rol con valor MENUITEM permite establecer la propiedad ARIA-DROPEFFECT para indicar que tipo de acción acepta el elemento.

1.3.6.1.4 Atributos de relaciones

En ocasiones no se pueden establecer, a partir de las estructuras del documento, las relaciones o pertenencias de los elementos que lo forman. Para estas situaciones, el estándar WAI ARIA permite definir las dependencias a través de atributos relacionales. A continuación, se muestra un ejemplo:

Como se ha visto en el código 11.4, se ha descrito un contenido visual a través de los atributos ARIA-DESCRIBEDBY y ARIA-LABELLEDBY del elemento que contiene la imagen. El atributo ARIA-LABELLEDBY ayuda a identificar el contexto y el atributo ARIA-DESCRIBEDBY proporciona la descripción asociado a ese contexto.

1.3.6.1.5 Acceso mediante teclado

Cuando se habla de accesibilidad es muy frecuente sacar el tema de los atajos de teclado. Siempre que sea posible se deben establecer atajos de teclado. De esta manera, se podrá dar soporte a las personas que no dispongan de ratón, por ejemplo.

En HTML 4, sólo los enlaces, campos de formulario, objetos, áreas y botones podían tomar el foco. En HTML5, todos los elementos pueden adquirir el foco gestionando el atributo TABINDEX que permite establecer un orden específico de navegación. Su valor por defecto u omisión es 0 y significa que la navegación se realizará en el orden de aparición en el documento. Si el valor se establece a -1, el elemento no podrá ser objeto del foco y, por lo tanto, se saltará.

La WAI ARIA, además, permite especificar otros comportamientos asociados a los hijos de los componentes que enriquecen el documento.

1.3.6.2 SOPORTE EN NAVEGADORES Y PRODUCTOS DE APOYO

El DOM (Document Object Model) contiene la estructura jerárquica y semántica del documento y, uno de sus usos, es para generar componentes propios de las aplicaciones enriquecidas.

Las tecnologías asistivas pueden utilizar el DOM para identificar los objetos, sin embargo, cuanta más información se proporcione a estas aplicaciones, mejor experiencia de usuario tendrá.

Las API de accesibilidad proporcionan los roles, estados, atributos, etcétera para que puedan ser utilizadas por las tecnologías asistiva, como lectores de pantalla. Cuando se utiliza WAI ARIA, la semántica proporcionada debe estar acorde a los valores que se establecen en estas API para obtener un funcionamiento óptimo de las tecnologías asistivas.

La W3C proporciona un documento técnico dónde explica con detalle la asignación de las diferentes características de WAI ARIA con las Accessibility API más comunes. HTTP://WWW.W3.ORG/TR/WAI-ARIA-IMPLEMENTATION/.

Hoy en día, prácticamente existen muchos productos que soportan la implementación de WAI ARIA, incluyendo navegadores, productos de apoyo y otras herramientas de desarrollo.

1.3.6.3 PRINCIPALES ATRIBUTOS DE LA WAI-ARIA

La accesibilidad web es algo sumamente importante y sumamente difícil de aplicar si no se entiende bien lo que se desea hacer. Por ello, antes de nada, vamos a precisar las principales propiedades con las que se puede conseguir proporcionar accesibilidad en los sitios y páginas web.

1.3.6.3.1 Atributo role

Los roles son unos atributos que se establecen para indicar la función u objetivo del elemento. Esto se vuelve necesario porque, en ocasiones, no es fácil discernir la diferencia u objeto del elemento mostrado. Por ejemplo, no es lo mismo un elemento que representa a una barra de progreso, que un elemento que representa a una barra de carga en proceso.

Los roles pueden ser de dos tipos. De tipo interfaz, que son lo que representan a elementos como árboles, listas, sliders, diálogos emergentes, etcétera y, de tipo estructural, que son los que representan o definen una estructura como pueda ser un menú de navegación o una cabecera o pie de página.

Aunque hemos dicho que existen dos tipos de roles, cabe destacar que, dentro de los roles estructurales, podemos encontrar un tercer tipo que se utiliza para diferenciar las diferentes secciones dentro de la estructura. Este tipo de roles, se suelen denominar LANDMARK ROLES y son los siguientes:

▶ **APPLICATION**: Indica que la región es una aplicación web, en vez de un documento web.

▶ **BANNER**: Indica que la región o sección contiene el título principal o el título interno de la página. Este rol suele estar asociado al elemento HEADER que contiene la cabecera de página.

▶ **COMPLEMENTARY**: Indica que es una sección que tiene contenido principal, pero es independiente y significativa por sí sola. Este rol suele estar asociado al elemento ASIDE que contiene la zona lateral o anexa al contenido principal.

▶ **CONTENTINFO**: Indica que la sección contiene información relevante sobre el documento principal, como derechos de autor o enlaces a declaraciones de privacidad. Este rol suele estar asociado al elemento FOOTER que contiene el pie de página.

▶ **FORM**: Indica que la sección representa una colección de elementos de formulario, sean editables o no.

▶ **MAIN**: Indica la sección de contenido principal en un documento. Aunque puede darse el caso de que no, por norma general, una página tendrá una única región establecida a este valor. Este rol suele estar asociado al elemento MAIN que contiene el contenido principal del documento.

▶ **NAVIGATION**: Indica que la sección contiene una colección de enlaces o acciones pensados para navegar por el sitio web. Este rol suele estar asociado al elemento NAV que contiene el menú principal de navegación y/o menús secundarios de navegación o enlaces.

▶ **SEARCH**: Indica que la sección o elemento tiene la función de buscador para el sitio web. Este rol suele estar asociado a elementos de bloque, como pueda ser un DIV y que suelen contener un elemento INPUT de tipo SEARCH.

Ejemplos:

```
<header id="header" role="banner">...</header>
<div id="sitelookup" role="search">...</div>
<nav id="nav" role="navigation">...</nav>
<main id="content" role="main">...</main>
<aside id="rightsideadvert" role="complementary">...</aside>
<footer id="footer" role="contentinfo">...</footer>
```

No obstante, como decíamos, existen otros roles que no son especiales y que suelen y deben asignarse a los botones, enlaces, elementos de formulario, iconos y regiones de manera que proporcionen una cantidad de información suficiente sobre lo que representa el elemento.

Entre ellos podemos encontrar:

▸ **ALERT**: Indica que el elemento representa un mensaje que contiene información importante que, por lo general, es urgente. Cabe destacar que, cuando este rol se establece, también suele requerir la especificación de los atributos ARIA-LIVE y ARIA-ATOMIC.

▸ **ALERTDIALOG**: Indica que el elemento representa un diálogo que contiene información, pero no requiere de una interacción con el usuario.

▸ **ARTICLE**: Indica que el elemento representa una acción que se activa por pulsación o activación del usuario.

▸ **BUTTON**: Indica que el elemento representa un contenido independiente de un documento, página o sitio web. Cabe destacar que, cuando este rol se establece, también suele requerir la especificación de los atributos ARIA-HASPOPUP, ARIA-PRESSED y ARIA-DISABLED.

▸ **CHECKED**: Indica que el elemento lleva implícito un estado de verificación que puede ser verdadero, falso o mixto. Cabe destacar que, cuando este rol se establece, también suele requerir la especificación del atributo ARIA-CHECKED.

▸ **COLUMNHEADER**: Indica que el elemento contiene información de encabezado de una columna.

▸ **COMBOBOX**: Indica que el elemento representa un desplegable, cuadro de texto donde los usuarios pueden escribir con anticipación para seleccionar una opción, o escribir un texto cualquiera que se toma como elemento nuevo de lista. Cabe destacar que, cuando este rol se establece, también suele requerir la especificación de los atributos ARIA-HASPOPUP y ARIA-EXPANDED.

▸ **COMMAND**: Indica que el elemento representa una acción, pero no recibe datos de entrada.

▸ **COMMAND**: Indica que el elemento puede contener descendientes navegables o propios.

▸ **DEFINITION**: Indica que el elemento es una definición o concepto.

▸ **DIALOG**: Indica que el elemento representa un cuadro de diálogo que lleva asociada una interacción que solicita información o una respuesta. Cabe destacar que, cuando este rol se establece, también suele requerir la especificación del atributo ARIA-HASPOPUP.

▸ **DIRECTORY**: Indica que el elemento contiene una tabla o listado. Es decir, que representa una lista de referencias a miembros de un grupo, como una tabla de contenido estática.

▼ **DOCUMENT**: Indica que el elemento contiene información relacionada que se declara como contenido de documento y no como una aplicación web.

▼ **GRID**: Indica que el elemento representa una colección de elementos (o celdas) que están organizados a modo de filas y columnas, como si de una tabla se tratase.

▼ **GRIDCELL**: Indica que el elemento es uno de los elementos o celda que contiene el elemento padre que tiene el ROLE de GRID.

▼ **GROUP**: Indica que el elemento representa una colección de elementos de interfaz de usuario que no están incluidos en el resumen de la página o tabla de contenido por las herramientas de asistencia.

▼ **INPUT**: Indica que el elemento funciona como un componente de entrada de datos del usuario.

▼ **LINK**: Indica que el elemento es un enlace o vínculo a un recurso, externo o interno, que provoca la navegación hasta ese destino.

▼ **LIST**: Indica que el elemento representa una lista de elementos que permiten la interacción con el usuario.

▼ **LISTBOX**: Indica que el elemento representa una lista de elementos que sólo permite la selección de uno de sus elementos.

▼ **LISTITEM**: Indica que el elemento es uno de los elementos contenidos por el elemento padre que tiene el ROLE de LIST o LISTBOX. Cabe destacar que, cuando este rol se establece, también suele requerir la especificación del atributo ARIA-LEVEL

▼ **MENU**: Indica que la sección es un widget que contiene una lista de opciones para el usuario.

▼ **MENUBAR**: Indica que el elemento es un subelemento del elemento padre que tiene el ROLE de MENU. Habitualmente se identifica con una barra horizontal que, además, suele estar visible.

▼ **MENUITEM**: Indica que el elemento es una de las opciones ofrecidas por el elemento padre que tiene el ROLE de MENU o MENUBAR.

▼ **MENUITEMCHECKBOX**: Indica que el elemento es una de las opciones ofrecidas por el elemento padre que tiene el ROLE de MENU o MENUBAR. No obstante, este elemento lleva implícito un estado de verificación que puede ser falso, verdadero o mixto. Cabe destacar que, cuando este rol se establece, también suele requerir la especificación del atributo ARIA-CHECKED.

- **MENUITEMRADIO**: Indica que el elemento es una de las opciones ofrecidas por el elemento padre que tiene el ROLE de MENU o MENUBAR. No obstante, este elemento lleva implícito un estado de selección que puede ser verdadero o falso, pero con la diferencia de que, solamente, permite un único elemento seleccionado por grupo. Cabe destacar que, cuando este rol se establece, se debe comprobar que no existan más dentro de la misma subsección o del mismo grupo. Si fuese necesario, los diferentes elementos de MENUITEMRADIO pueden separarse a través de subelementos padre con el ROLE establecido a GROUP. Si existen varios subelementos con el ROLE establecido a GROUP, se deben separar mediante elementos que tengan el ROLE establecido a SEPARATOR.

- **PROGRESSBAR**: Indica que el elemento muestra el estado de progreso de una tarea o acción que consta de varios pasos o tiene predefinido que va a tardar bastante tiempo en completarse. Cabe destacar que, cuando este rol se establece, también suele requerir la especificación de los atributos ARIA-VALUEMIN, ARIA-VALUEMAX y ARIA-VALUENOW.

- **ROW**: Indica que el elemento representa a una de las filas de una colección de elementos en forma de cuadrícula, como pueda ser una tabla.

- **ROWGROUP**: Indica que el elemento contiene un grupo de elementos de fila de una colección de elementos en forma de cuadrícula, como pueda ser una tabla.

- **ROWHEADER**: Indica que el elemento contiene información de encabezado de una fila asociada con una colección de elementos en modo tabla o cuadrícula.

- **SEPARATOR**: Indica que el elemento funciona como separador o divisor de regiones de acciones agrupadas por el rol GROUP.

- **TAB**: Indica que el elemento es una de las pestañas ofrecidas por el elemento padre que tiene el ROLE de TABLIST.

- **TABLIST**: Indica que el elemento es un widget que representa una funcionalidad por pestañas.

- **TABPANEL**: Indica que el elemento contiene los recursos y elementos asociados a una pestaña y, por tanto, a uno de los elementos que tiene el rol establecido a TAB.

- **TOOLTIP**: Indica que el elemento es un widget que representa una funcionalidad de árbol.

- **TREE**: Indica que el elemento es un widget que representa una funcionalidad de árbol.

▶ **TREEITEM**: Indica que el elemento es una de las ramas ofrecidas o listadas por el elemento padre que tiene el ROLE de TREE. Cabe destacar que, cuando este rol se establece, también suele requerir la especificación del atributo ARIA-LEVEL.

Ejemplos:

```
<ul role="tablist">
    <li role="tab">Pestaña 1</li>
    <li role="tab">Pestaña 2</li>
</ul>
<div role="progressbar">
<select role="listbox">
    <option role="listitem" aria-level="1">Opción 1</option>
    <option role="listitem" aria-level="1">Opción 2</option>
</select>
```

Cabe destacar que, existen muchos más roles que los aquí presentados, aunque sí se podría decir que están los más utilizados. Si se desean ver todos los roles o, simplemente, se desea más información sobre uno de ellos, se puede visitar la URL o dirección web *https://www.w3.org/WAI/PF/aria-1.1/roles*.

1.3.6.3.2 Atributos aria-autocomplete y aria-activedescendant

El atributo ARIA-AUTOCOMPLETE permite indicar, a las herramientas de asistencia, que el elemento conlleva una búsqueda predictiva con una posterior visualización de resultados total o parcial. Además, permite establecer el tipo de interacción que está asociado al elemento de formulario.

Los posibles valores que puede tomar el atributo ARIA-AUTOCOMPLETE son el valor INLINE, para indicar que el valor resultante de la búsqueda predictiva se mostrará dentro del elemento de formulario al que está asociado, LIST, para indicar que el resultado de la búsqueda predictiva se mostrará en un elemento de lista a parte o BOTH, para indicar que el elemento de formulario ofrece ambos modelos al mismo tiempo.

Ejemplo:

```
<input id="cb1-edit"
       type="text"
       aria-activedescendant="opt04"
       aria-owns="resultados-busqueda"
       aria-autocomplete="list"
       role="combobox" />
```

```
<ul aria-expanded="true" role="listbox" id="resultados-busqueda">
    <li role="option" id="opt01">HTML para todos</li>
    <li role="option" id="opt02">La guía oficial de HTML5</li>
    <li role="option" id="opt03">Creación de páginas con HTML5</li>
    <li role="option" id="opt04">Accesibilidad Web y HTML5</li>
    <li role="option" id="opt05">La usabilidad de HTML5</li>
</ul>
```

Como puede apreciarse, el atributo ARIA-ACTIVEDESCENDANT permite establecer el elemento de la lista que, actualmente, está seleccionado.

1.3.6.3.3 Atributo aria-atomic

El atributo ARIA-ATOMIC permite establecer si la actualización de un contenedor afecta a todas o sólo a algunas partes. Esta actualización será revelada en función de las notificaciones de cambio definidas por el atributo ARIA-RELEVANT.

Ejemplo:

```
<h3>Contenido del carrito</h3>

<div aria-live="polite" aria-atomic="true">
    <div>Su cesta de la compra contiene
        <span id="nArt">0</span>
        Artículos
    </div>
</div>
```

1.3.6.3.4 Atributo aria-checked

El atributo ARIA-CHECKED permite establecer el estado de aquellos elementos de formulario que resultan ser de tipo casilla de verificación o de tipo radio. Básicamente, el atributo ARIA-CHECKED es idéntico al atributo CHECKED de HTML, salvo por la diferencia de que ARIA-CHECKED permite establecer un estado adicional que indica no es ni activado, ni desactivado.

Los posibles valores que puede tomar el atributo ARIA-CHECKED son FALSE, para indicar que no está verificado o seleccionado, TRUE, para indicar que está verificado o seleccionado y MIXED, para indicar que la verificación o selección es sólo parcial.

Al margen de los valores de estado TRUE y FALSE, el valor de estado MIXED puede ser útil cuando el estado de la casilla de verificación hace referencia a un conjunto de elementos de su mismo tipo en donde hay algunos seleccionados y otros que no.

Ejemplo:

```
<table>
    <thead>
        <tr>
            <th>
                <input type="checkbox" id="checkAll" aria-checked="mixed"/>
            </th>
            <!-- ... otros elementos TH -->
        </tr>
    </thead>
    <tbody>
        <tr>
            <td>
                <input type="checkbox" id="chk01" aria-checked="true"/>
            </td>
            <!-- ... otros elementos TD -->
        </tr>
        <tr>
            <td>
                <input type="checkbox" id="chk02" aria-checked="false"/>
            </td>
            <!-- ... otros elementos TD -->
        </tr>
        <!-- ... otros elementos TR -->
    </tbody>
```

1.3.6.3.5 Atributo aria-controls

El atributo ARIA-CONTROLS permite establecer una relación de pertenencia que indica que elementos puede controlar. Esto se hace necesario cuando esa relación no viene expresada o no está representada en el DOM.

Por ejemplo, un botón que abre una serie de opciones a modo de menú podría definirse de la siguiente manera:

Ejemplo:

```
<div class="menu-layer">
    <button id="menuBtn" aria-haspopup="true" aria-controls="submenu">
        Ver opciones
    </button>
    <ul id="submenu" role="menu" aria-labelledby="menuBtn">
        <li role="none">
            <a role="menuitem" href="#">
                Opción 1
```

```
        </a>
    </li>
    <li role="none">
        <a role="menuitem" href="#">
            Opción 2
        </a>
    </li>
</ul>
```

Como se puede apreciar en el código anterior, el botón establece una relación con el elemento de lista a través de su atributo ID. La lista, a su vez, establece una relación con el elemento botón a través del atributo ARIA-LABELLEDBY.

Al pulsar en el botón, el sistema podría realizar la actualización del atributo ARIA-EXPANDED en el elemento a través de JavaScript y, estableciéndolo a TRUE si está mostrando el elemento UL, o a FALSE si está oculto.

1.3.6.3.6 Atributo aria-describedby

El atributo ARIA-DESCRIBEDBY permite establecer una descripción larga o detallada para todos aquellos elementos mediante el establecimiento del valor de un ID válido. Este identificador debe ser un valor válido definidos por un atributo ID alcanzables en el mimo contexto. Es decir, no se pueden utilizar valores de ID que estén ubicados o definidos en otra ventana o frame diferente a la actual.

Esto suele ser útil en situaciones donde el contenido a mostrar es un enlace a un archivo descargable (como un PDF o Excel) o cuando el elemento al que hace referencia no está dentro del mismo contenedor.

Ejemplo:

```
<form role="form"
    <label for="username">Nombre de Usuario</label>
    <input type="text" id=" usr " name="usr" required />

    <label for="username">Contraseña</label>
    <input type="password" id="pwd" name="pwd" required
        aria-describedby="pwdDesc" />

    <p id="pwdDesc">La contraseña debe tener, cómo mínimo, una mayúscula, una
minúscula, un número y un caracter especial. Además, no puede tener una longitud
menor a 6 caracteres.</p>

    <button type="submit" class="accept rounded">Acceder</button>
</form>
```

1.3.6.3.7 Atributo aria-describedat

El atributo ARIA-DESCRIBEDAT tiene un comportamiento idéntico al atributo ARIA-DESCRIBEDBY, si exceptuamos que lo que se establece es una URL, en vez de un ID.

Esto suele ser útil cuando la descripción no es una frase, sino una descripción larga o representa una explicación que conlleva varios párrafos.

Ejemplo:

```
<a href="#"
    aria-describedat="https://es.wikipedia.org/wiki/Magnitud_aparente">
        Magnitud aparente
</a>
```

1.3.6.3.8 Atributo aria-disabled

El atributo ARIA-DISABLED permite indicar, a las herramientas de asistencia, que el elemento está desactivado o deshabilitado. Básicamente, es lo mismo que el atributo DISABLED de HTML, sin embargo, ARIA-DISABLED puede ser útil cuando no se desea realizar la validación nativa del navegador o herramienta de asistencia.

En general, se suele establecer en tiempo de ejecución, tras un proceso de validación en JavaScript.

Ejemplo:

```
<label for="nombre">Nombre:</label>
<input id="nombre" type="text" disabled aria-disabled="true" />
```

1.3.6.3.9 Atributo aria-expanded

El atributo ARIA-EXPANDED permite establecer si el elemento que representa a un contenido plegable o colapsable como pueda ser un menú desplegable de navegación, está expandido o contraído.

Por ejemplo, un menú lateral deslizante, también conocido como Off-Screen Menu, con un botón tipo hamburguesa podría definirse de la siguiente manera:

Ejemplo:

```
<button class="menu-toggle"
        aria-label="Menú principal"
        aria-expanded="false">
    <i class="icon bars">▨</i>
</button>
```

```
<aside class="hidden" role="navigation">
    Ejemplo de menú
    <ul>
        <li><a href="./home.html">Home / Inicio</a></li>
        <li><a href="./quienes-somos.html">Quienes Somos</a></li>
        <li><a href="./servicios.html">Servicios</a></li>
        <li><a href="./donde-estamos.html">Dónde estamos</a></li>
    </ul>
</aside>
```

Al pulsar en el botón, el sistema podría realizar la actualización del atributo ARIA-EXPANDED en el elemento a través de JavaScript y, estableciéndolo a TRUE si está mostrando el ASIDE, o a FALSE si está oculto.

1.3.6.3.10 Atributo aria-flowto

El atributo ARIA-FLOWTO permite cambiar o alterar el orden normal de lectura proporcionado por el documento y pasar al elemento cuyo identificador es el valor indicado. No obstante, cuando este atributo presenta múltiples valores, se tomarán como opciones o alternativas para el siguiente contenido en el orden de lectura.

Aunque parezca algo evidente de mencionar, todas las propiedades de ARIA, incluyendo la propiedad ARIA-FLOWTO, serán ignoradas por el navegador. Recordemos que el navegador no enriende de lecturas alternativas e implementa el orden de tabulación a través de métodos como el atributo TABINDEX.

Por ejemplo, cambiar el orden de lectura en las herramientas de asistencia, para que lean primero la noticia de en medio, luego la primera y, por último, la tercera, podría definirse de la siguiente manera:

Ejemplo:

```
<h1 aria-flowto="no1">Noticias</h1>

<h2>Tiempo</h2>
<div id="no2" title="Tiempo en Madrid" aria-flowto="no3">
    <p>El tiempo será estable durante las próximas horas, ...</p>
</div>

<h2>Covid-19</h2>
<div id="no1" title="Actualidad sobre el Covid-19" aria-flowto="no2">
    <p>Se proporcionan las primeras vacunas a los españoles</p>
</div>
```

```
<h2>Presupuestos Generales del Estado (PGE)</h2>
<div id="no3" title="Ultimas novedades sobre los PGE">
    <p> Los PGE para 2021 presentan algunos cambios de ... </p>
</div>
```

1.3.6.3.11 Atributo aria-haspopup

El atributo ARIA-HASPOPUP permite establecer si el elemento abre un menú o un desplegable de acciones.

Por ejemplo, un botón que abre una serie de opciones a modo de menú podría definirse de la siguiente manera:

Ejemplo:

```
<div class="menu-layer">
   <button id="menuBtn" aria-haspopup="true" aria-controls="submenu">
      Ver opciones
   </button>
   <ul id="submenu" role="menu" aria-labelledby="menuBtn">
      <li role="none">
         <a role="menuitem" href="#">
            Opción 1
         </a>
      </li>
      <li role="none">
         <a role="menuitem" href="#">
            Opción 2
         </a>
      </li>
   </ul>
```

Al pulsar en el botón, el sistema podría realizar la actualización del atributo ARIA-EXPANDED en el elemento a través de JavaScript y, estableciéndolo a TRUE si está mostrando el elemento UL, o a FALSE si está oculto.

1.3.6.3.12 Atributo aria-hidden

El atributo ARIA-HIDDEN permite establecer si el elemento está oculto, o por el contrario, esta visible. Si el atributo no está presente, o el valor de ARIA-HIDDEN está establecido a FALSE, se entenderá como que está visible.

Por ejemplo, un botón que abre una serie de opciones a modo de menú podría definirse de la siguiente manera:

Ejemplo:

```html
<div class="menu-layer">
  <button id="menuBtn" aria-haspopup="true" aria-controls="submenu">
    Ver opciones
  </button>
  <ul id="submenu" role="menu" aria-labelledby="menuBtn" aria-hidden="true">
    <li role="none">
      <a role="menuitem" href="#">
        Opción 1
      </a>
    </li>
    <li role="none">
      <a role="menuitem" href="#">
        Opción 2
      </a>
    </li>
  </ul>
```

Al pulsar en el botón, el sistema podría realizar la actualización de los atributos ARIA-HIDDEN y ARIA-EXPANDED en el elemento a través de JavaScript. Si el elemento se encuentra expandido, es decir, visible, podría establecerse el atributo ARIA-EXPANDED a TRUE y el atributo ARIA-HIDDEN a FALSE. En cualquier otro caso, se podría establecer el atributo ARIA-EXPANDED a FALSE y el atributo ARIA-HIDDEN a TRUE.

1.3.6.3.13 Atributo aria-invalid

El atributo ARIA-INVALID permite indicar, a las herramientas de asistencia, que el elemento de formulario es un campo de entrada no cumple con las expectativas o formato indicados.

Esto es útil cuando se están solicitando datos preformateados como puedan ser los correos electrónicos, teléfonos o cualquier otro tipo de entrada que pueda responder a una posible máscara de entrada, pero también es útil para indicar que no está relleno y que, por tanto, es obligatorio.

Los posibles valores que puede tomar el atributo ARIA-INVALID son FALSE, para indicar que no se detectaron errores, GRAMMAR, para indicar que se detectó un error gramatical, SPELLING, para indicar que se detectó un error ortográfico o, simplemente, TRUE, para indicar que el proceso de validación no fue superado.

En general, se suele establecer en tiempo de ejecución, tras un proceso de validación.

Ejemplo:

```
<label for="nombre">Nombre completo:</label>
<input id="nombre" type="text"
       aria-required="true"
       aria-invalid="false"
       oninput="checkValidity(this)" />


<script>
    function checkValidity(el){
        var invalid = (el.value.trim().length == 0);
        if (invalid) {
            el.setAttribute("aria-invalid", "true");
        } else {
            el.setAttribute("aria-invalid", "false");
        }
    }
</script>
```

1.3.6.3.14 Atributo aria-label

El atributo ARIA-LABEL permite establecer un nombre accesible a aquellos elementos que no poseen una descripción textual en su contenido.

Como se vio en la práctica del capítulo de Usabilidad Web, es frecuente utilizarlo cuando los elementos representan una imagen o icono, pero también es usable en cualquier elemento que requiera una descripción adicional que permita contextualizar y dar un significado inequívoco.

Ejemplo:

```
<a href="#" aria-label="Cerrar">X</a>
```

1.3.6.3.15 Atributo aria-labelledby

El atributo ARIA-LABELLEDBY permite establecer unos identificadores que serán utilizados para generar una descripción accesible. Estos identificadores deben ser valores válidos definidos por atributos ID alcanzables en el mimo contexto. Es decir, no se pueden utilizar valores de ID que estén ubicados o definidos en otra ventana o frame diferente a la actual.

Esto suele ser útil en situaciones donde el contenido a mostrar es un enlace a un archivo descargable (como un PDF o Excel) o cuando el elemento al que hace referencia no está dentro del mismo contenedor.

Ejemplo:

```
<p id="tInforme">Exportar informe en:</p>
<div class="export">
    <a href="./mayo.pdf" id="pdf" aria-labelledby="tInforme pdf">PDF</a>
    <a href="./mayo.xls" id="xls" aria-labelledby="tInforme xls">Excel</a>
</div>
```

1.3.6.3.16 Atributo aria-level

El atributo ARIA-LEVEL permite establecer el nivel jerárquico dentro de una determinada estructura.

Por ejemplo, una lista de opciones de menú con varios niveles de interacción podría definirse de la siguiente manera:

Ejemplo:

```
<ul role="list">
    <li role="listitem" aria-level="1">Opción 1</li>
    <li role="listitem" aria-level="1">Opción 2</li>
    <li>
        <span>Opción 3</span>
        <ul role="list">
            <li role="listitem" aria-level="2">Opción 3.1</li>
            <li role="listitem" aria-level="2">Opción 3.2</li>
        </ul>
    </li>
</ul>
```

1.3.6.3.17 Atributo aria-live

El atributo ARIA-LIVE permite identificar aquellas zonas del documento que pueden ser actualizadas de forma dinámica o automática. Esto, hace posible que se les notifique a las herramientas de asistencia situaciones en las que se inyectan contenidos dinámicamente a un contenedor actualizable. Las herramientas de asistencia leen automáticamente el contenido de este contenedor (denominado región activa o "Live Region") y evitan tener que centrarse en dónde se producen los cambios.

Recordemos que, si el valor del atributo ARIA-LIVE es POLITE, el contenido podrá ser actualizado una vez haya acabado las tareas que esté haciendo en ese momento el usuario, pero, si el valor del atributo es ASSERTIVE, el contenido podrá ser actualizado, aunque el usuario no haya terminado las tareas en ese momento.

Este atributo suele combinarse con el atributo ARIA-ATOMIC para indicar si la actualización implica a toda la región o sólo a partes concretas. También, suele combinarse con el atributo ARIA-RELEVANT, el cual, indica qué tipo de actualización debe realizarse o se espera.

1.3.6.3.18 Atributo aria-orientation

El atributo ARIA-ORIENTATION permite indicar, a las herramientas de asistencia, que si el elemento y su orientación es vertical u horizontal. Sus posibles valores son HORIZONTAL y VERTICAL.

Ejemplo:

```
<label for="temperature" id="tempLabel" class="label">Temperatura</label>
<div id="temperature"
     role="slider"
     aria-labelledby="tempLabel"
     aria-orientation="vertical"
     aria-valuenow="25"
     aria-valuetext="25"
     aria-valuemin="-20"
     aria-valuemax="60">
</div>
```

1.3.6.3.19 Atributo aria-modal

El atributo ARIA-MODAL permite indicar, a las herramientas de asistencia, que la acción de pulsar en el elemento conllevará la apertura de una estructura que interrumpirá el flujo de trabajo actual. Es decir, conllevará la apertura de un diálogo modal.

En general, este atributo suele estar asociado al rol DIALOG o ALERTDIALOG, lo que significa, entre otras cosas, que se debe colocar el foco en el primer elemento del diálogo en el momento de ser visualizado, a menos, eso sí, de que el foco se haya establecido explícitamente en otro lugar.

Ejemplo:

```
<h3>Newsletter</h3>
<div role="dialog" aria-modal="true" id="newsletter">
    <form action="post">
        <label for="estado">Email:</label>
        <input type="email" id="email" />

        <input type="submit" value="Enviar" />
    </form>
</div>
```

1.3.6.3.20 Atributo aria-multiselectable

El atributo ARIA-MULTISELECTABLE permite indicar, a las herramientas de asistencia, que el usuario puede seleccionar más de un elemento de las opciones ofrecidas a continuación. Como norma, este atributo va asociado con el atributo ARIA-SELECTED.

En general, se suele establecer en desplegables, listas y árboles, pero se puede utilizar en cualquier elemento de interacción que permita múltiples valores.

Ejemplo:

```
<label for="estado">Aficiones/Hobbies:</label>
<select id="estado" aria-multiselectable="true">
    <option value="0">Fútbol</option>
    <option value="1" selected aria-selected="1,2">Música</option>
    <option value="2" selected aria-selected="1,2">Cine</option>
    <option value="3">Teatro</option>
</select>
```

1.3.6.3.21 Atributo aria-multiline

El atributo ARIA-MULTILINE permite indicar, a las herramientas de asistencia, que el control de entrada permite varias líneas. Esto es aplicable tanto para elementos TEXTAREA, como para elementos con el atributo CONTENTEDITABLE establecido a TRUE.

Ejemplo:

```
<div contenteditable="true" aria-multiline="true"></div>
```

1.3.6.3.22 Atributo aria-owns

El atributo ARIA-OWNS permite indicar, a las herramientas de asistencia, que el elemento está vinculado o asociado con otro elemento que se encuentra fuera de la estructura actual o separado en otra zona del documento.

Esto es útil, por ejemplo, cuando se están definiendo menús de navegación que poseen varios niveles.

Ejemplo:

```
<nav role="navigation">
    <ul role="menu">
        <li role="menuitem" aria-owns="submenu-new">Nuevo</li>
        <li role="menuitem">Abrir</li>
        <li role="menuitem">Guardar</li>
        <li role="menuitem">Guardar como ...</li>
```

```
            <li role="menuitem">Información del documento</li>
        </ul>

        <ul id="submenu-new" role="menu">
            <li role="menuitem">Archivo</li>
            <li role="menuitem">Carpeta</li>
            <li role="menuitem">Proyecto</li>
        </ul>
    </nav>
```

1.3.6.3.23 Atributo aria-pressed

El atributo ARIA-PRESSED permite indicar, a las herramientas de asistencia, que el elemento está presionado. Esto puede ser interesante cuando se establecen elementos de verificación con aspecto de botones, cuando se requiere conocer el estado del botón, como en un proceso de arrastrar y soltar un elemento, cuando se desea trasmitir a la herramienta de asistencia, o situaciones similares.

Por ejemplo, cuando se están definiendo menús de navegación que poseen varios niveles.

Ejemplo:

```
<button aria-pressed="false">
    En pausa
</button>
```

Al pulsar en el botón, el sistema podría realizar la actualización de los atributos ARIA-PRESSED en el elemento a través de JavaScript. Dicho de otra forma, si el usuario pulsase una vez sobre el botón, se podría establecer el atributo ARIA-PRESSED a TRUE, lo que significaría, en nuestro ejemplo, que está reproduciendo, pero, si el usuario pulsase una segunda vez, el atributo ARIA-PRESSED volvería a establecerse como FALSE, que indicaría que ha vuelto a ponerse en pausa.

1.3.6.3.24 Atributo aria-readonly

El atributo ARIA-READONLY permite indicar, a las herramientas de asistencia, que el elemento no es editable, aunque sí operable. Básicamente, es lo mismo que el atributo READONLY de HTML, sin embargo, ARIA-READONLY puede ser útil cuando no se desea realizar la validación nativa del navegador o herramienta de asistencia.

En general, se suele establecer en tiempo de ejecución, tras un proceso de validación en JavaScript.

Ejemplo:

```
<label for="nombre">Nombre completo:</label>
<input id="nombre" type="text" aria-readonly="true" />
```

1.3.6.3.25 Atributo aria-relevant

El atributo ARIA-RELEVANT permite establecer qué tipo de cambios se va a realizar en un contenedor que posee el atributo ARIA-LIVE establecida a un valor diferente a OFF.

El atributo ARIA-RELEVANT admite una lista de valores prefijados separados por espacios, la cual se muestra a continuación:

- **ADDITIONS**: Indica que sólo es relevante los nodos que sean agregados a la región activa.

- **REMOVALS**: Indica que sólo es relevante los nodos que sean eliminados a la región activa.

- **TEXT**: Indica que sólo es relevante aquellos cambios que afecten a los contenidos textuales dentro de la región activa.

- **ALL**: Indica que es relevante cualquier cambio, sea aditivo, de eliminación o textual.

Ejemplo:

```
<h3>Contenido del carrito</h3>
<div aria-live="polite" aria-atomic="true" aria-relevant="all">
    <div>Su cesta de la compra contiene
        <span id="nArt">0</span>
        Artículos
    </div>
</div>
```

1.3.6.3.26 Atributo aria-required

El atributo ARIA-REQUIRED permite indicar, a las herramientas de asistencia, que el elemento conlleva una entrada de datos que es obligatoria para continuar o finalizar la tarea actual. Básicamente, es lo mismo que el atributo REQUIRED de HTML, sin embargo, ARIA-REQUIRED puede ser útil cuando no se desea realizar la validación nativa del navegador o herramienta de asistencia.

En general, se suele establecer en tiempo de ejecución, tras un proceso de validación en JavaScript.

Ejemplo:

```
<label for="nombre">Nombre completo:</label>
<input id="nombre" type="text" aria-required="true" />
```

1.3.6.3.27 Atributo aria-selected

El atributo ARIA-SELECTED permite indicar, a las herramientas de asistencia, que el elemento es seleccionable, pero puede ser distinto al elemento enfocado en ese momento. Básicamente, es lo mismo que el atributo SELECTED de HTML, sin embargo, ARIA-SELECTED puede ser útil cuando no se desea realizar la validación nativa del navegador o herramienta de asistencia.

En general, se suele establecer en tiempo de ejecución, tras un proceso de validación en JavaScript.

Ejemplo:

```
<label for="estado">Estado civil:</label>
<select id="estado">
    <option value="0">Soltero</option>
    <option value="1" selected aria-selected="1">Casado</option>
    <option value="2">Divorciado</option>
    <option value="3">Viudo</option>
</select>
```

1.3.6.3.28 Atributo aria-sort

El atributo ARIA-SORT permite indicar, a las herramientas de asistencia, si los elementos de una tabla o estructura de cuadrícula están ordenados de algún modo.

Si el atributo ARIA-SORT no está definido, se tomará como que no hay un orden de clasificación preestablecido. Sus posibles valores son ADSCENDING, DESCENDING, NONE y OTHER.

Ejemplo:

```
<table role="grid">
    <thead>
        <tr role="row">
            <th scope="col"
                role="columnheader"
                aria-label="Pulsar para ordenar por nombre ascendentemente"
                aria-sort="none"
                tabindex="0">
                    <a href="...">
                        Nombre
                        <span title="Sort">⯑</span>
```

```
            </a>
        </th>
        <th scope="col"
            role="columnheader"
            aria-label="Pulsar para ordenar por valor descendentemente"
            aria-sort="ascending"
            tabindex="0">
                <a href="...">
                    Valor
                    <span title="Ascending">▨</span>
                </a>
        </th>
    </tr>
</thead>
<tbody>
    <tr>
        <td>Pablo</td>
        <td>1</td>
    </tr>
    <tr>
        <td>Elena</td>
        <td>5</td>
    </tr>
    <tr>
        <td>Yuri</td>
        <td>9</td>
    </tr>
</tbody>
</table>
```

Cabe destacar que, este atributo sólo se debe especificar en los elementos de encabezado.

1.3.6.3.29 Atributos aria-valuemin, aria-valuemax, aria-valuenow y aria-valuetext

Los atributos ARIA-VALUEMIN, ARIA-VALUEMAX, ARIA-VALUENOW y ARIA-VALUETEXT permiten indicar, a las herramientas de asistencia, los diferentes valores que tiene establecido el elemento o control de tipo rango.

- ► **VALUEMIN**: Indica el valor máximo aceptado por el control de tipo rango.

- ► **VALUEMAX**: Indica el valor mínimo aceptado por el control de tipo rango.

- ► **VALUENOW**: Indica el valor actual del control de tipo rango.

- ► **VALUETEXT**: Indica la alternativa de texto legible para los humanos. Este valor debe estar en concordancia con el valor de VALUENOW.

Ejemplo:

```
<div role="slider"
     aria-valuenow="1"
     aria-valuetext="Lunes"
     aria-valuemin="1"
     aria-valuemax="7">
</div>
```

1.3.6.3.30 Atributo tabindex de HTML

El atributo TABINDEX de HTML es fundamental para poder gestionar con eficiencia el foco del teclado en elementos como enlaces o elementos de formulario.

Cierto es que es posible establecerla en todo tipo de elementos, no obstante, no suele ser una buena opción utilizarlo en elementos que, por definición, no pueden tomar el foco si lo que se desea es que la página sea totalmente accesible.

Aun así, recordemos que el atributo TABINDEX puede tener tres posibles valores. Cuando es "0" toma el elemento puede tomar el foco en el orden de definición o aparición de los elementos. Cuando es "-1" el elemento no puede tomar el foco de ninguna de las maneras y, cuando es otro valor, define un orden de tabulación explícito que será efectivo en función su cuantía, es decir, a menor valor será encocado antes, a mayor valor será enfocado después y, a igual valor, será enfocado por orden de aparición.

Ejemplo:

```
<i class="icon menu" tabindex="0" onclick="menuToggle(this)">⌧</i >
```

1.3.6.4 PROPORCIONANDO UNA DECLARACIÓN DE ACCESIBILIDAD

Una declaración de accesibilidad es un documento o apartado que provee información acerca del nivel de accesibilidad de un sitio web, entre otros datos.

Mostrar una declaración de accesibilidad es importante porque ayuda a los usuarios a conocer y comprender la accesibilidad de su contenido y demuestra que a la empresa u organización les preocupan sus usuarios estableciendo un compromiso con la accesibilidad y la responsabilidad social.

Lo que se debe incluir en este apartado o documento, es la descripción del compromiso de accesibilidad con las personas discapacitadas, una descripción del estándar aplicado, habitualmente el WCAG 2.1 e información de contacto por si los usuarios desean realizar alguna pregunta o encuentran algún problema específico.

No obstante, también es recomendable introducirlas medidas propuestas que garantizan esa accesibilidad, los requisitos técnicos y de compatibilidad, los entornos en los que se ha diseñado y testado, las leyes políticas que se están aplicando en la actualidad y, si las hay, las limitaciones conocidas que puedan producirse.

Aunque es posible realizar una declaración de accesibilidad a través de varios métodos o técnicas, la w3c dispone de una herramienta online que ayuda a generar de una forma muy sencilla.

La dirección se muestra a continuación.

https://www.w3.org/WAI/planning/statements/generator/#create

Un ejemplo de declaración de accesibilidad podría ser la siguiente:

Declaración de Accesibilidad para el comercio online Ejemplo.com

Ejemplo.com se compromete a hacer accesible todos sus sistemas y aplicaciones de acuerdo con el compromiso de accesibilidad web contemplado en el Real Decreto 1112/2018 del 7 de septiembre. La presente declaración de accesibilidad únicamente se aplica a ejemplo.com y a todos sus subdominios, incluida su api.

ESTADO DE CONFORMIDAD
La recomendación WCAG 2.1 define los requerimientos necesarios para que los diseñadores y desarrolladores mejoren la accesibilidad de aquellas personas que presenta discapacidad y, además, define tres niveles de conformidad (Nivel A, Nivel AA y Nivel AAA).

Ejemplo.com es parcialmente compatible con el nivel de adecuación AA de la WCAG 2.1, por lo que algunas partes del contenido no se ajustan completamente a la recomendación de accesibilidad.

OBSERVACIONES Y DATOS DE CONTACTO
Si lo desea, puede realizar cualquier pregunta o comentario a través de las vías siguientes:
Correo electrónico: **accesibilidadweb@ejemplo.com**
Teléfono: **(+34) 999.999.999**

1.4 RECOMENDACIÓN WCAG 2.1

Más información en

https://www.w3.org/WAI/WCAG21/quickref/

La recomendación WCAG ha pasado por varias revisiones. En su versión 1.0, se establecieron una lista de pautas aplicables en el ámbito internacional sobre cómo hacer accesibles los contenidos de la Web a las personas con discapacidad. Esta lista de pautas está englobada en la Iniciativa para la Accesibilidad Web (WAI) del Consorcio de la Web (W3C).

Más tarde, en diciembre de 2008 evolucionaron hasta la versión 2.0, donde se contemplaban nuevas funcionalidades y se sugerían nuevos requerimientos debido, fundamentalmente, a los nuevos factores tecnológicos y la experiencia ya adquirida sobre del uso de las WCAG 1.0.

La recomendación vigente, la WCAG 2.1, es básicamente, una revisión que está pensada para mejorar el acceso a los contenidos para personas con discapacidad cognitiva o del aprendizaje, con baja visión o a cualquier otra persona que tenga discapacidad y acceda desde un dispositivo móvil.

La WCAG 2.1 surge con el objetivo de mejorar la accesibilidad para aquellas personas que tienen una discapacidad cognitiva, que presentan una baja visión y para aquellas personas discapacitadas que acceden desde dispositivos móviles.

La razón de esta mejora es porque se consideraba que, la versión anterior, no cubría este tipo de necesidades como cabía de esperar, sin contar que, la forma de acceder a la información y las tecnologías ha cambiado de manera significativa.

Aunque la WCAG 2.1 es, por decirlo así, un anexo de su versión predecesora, la versión 2.0, lo que pretende cubrir son unos vacíos que existían y hacían que, la web fuese menos accesible de lo que debiera, tanto en sistemas e interfaces de escritorio, como en tabletas o móviles.

A modo de resumen, podríamos decir que, la WCAG 2.1 se caracteriza porque se han agregado 17 nuevos criterios de conformidad y añadido nuevos términos al glosario. No obstante, no se han modificado ninguno de los criterios de conformidad correspondientes a la WCAG 2.0 ni su numeración.

1.4.1 Principios y directrices

Perceptible

La información y los componentes de la interfaz deben ser visualizados de forma que los usuarios puedan percibirlos.

- ▶ **Pauta 1.1**: Proporcionar alternativas textuales para todos los contenidos que no son textuales para que puedan ser reinterpretados por medio de otros formatos como descripciones ampliadas, braille, lectura por voz, lenguaje de signos u otros lenguajes más sencillos.

- ▶ **Pauta 1.2**: Proporcionar alternativas para contenidos multimedia dependientes del tiempo en forma sincronizada.

- ▶ **Pauta 1.3**: Proporcionar contenidos que puedan presentarse de diferentes maneras sin que se pierda información o estructura.

- ▶ **Pauta 1.4**: Facilitar a los usuarios la posibilidad de ver y oír todo el contenido importante sin distinción de si está en primer plano o no.

Operable

Los componentes de la interfaz de usuario y la navegación deben ser utilizables.

- ▶ **Pauta 2.1**: Proporcionar acceso a todas las funcionalidades a través de atajos de teclado.

- ▶ **Pauta 2.2**: Establecer unos tiempos suficientemente extensos como para leer y utilizar los contenidos.

- ▶ **Pauta 2.3**: Proporcionar contenidos que no provoquen convulsiones o ataques epilépticos.

- ▶ **Pauta 2.4**: Proporcionar ayudas adecuadas para que los usuarios puedan navegar, encontrar contenido y saber dónde se encuentran de forma sencilla.

- ▶ **Pauta 2.5**: Facilitar a los usuarios la interoperabilidad a través de diferentes métodos de entrada, incluyendo el teclado.

Comprensible

La información y el control de la interfaz deben ser entendibles.

- ▶ **Pauta 3.1**: Asegurase de que los contenidos textuales sean legibles y comprensibles.

- ▶ **Pauta 3.2**: Asegurase de que las interfaces de usuario sean utilizadas y presentadas de una forma predecible.

- ▶ **Pauta 3.3**: Ayudar a los usuarios a evitar y corregir los errores.

Robusto

El contenido deber ser lo más robusto posible para que los agentes de usuario y tecnologías asistivas puedan interpretarlo.

▶ **Pauta 4.1**: Maximizar y posibilitar la compatibilidad con las aplicaciones actuales y futuras de los usuarios.

1.4.2 Proceso de la conformidad en accesibilidad web

El proceso de la conformidad en accesibilidad web podríamos decir que se conforma de dos pasos.

1.4.2.1 EXAMEN PRELIMINAR

El primero de ellos es realizar un examen preliminar para verificar el grado de cumplimiento actual que tiene el sitio web. Este examen no tiene por qué realizarse en todas las páginas, puede hacer sólo en las más representativas o visitadas.

Para conocer un poco el estado actual, se debe comprobar lo siguiente:

▶ Si el tamaño de fuente influye en la legibilidad de las páginas, es decir, si al aumentar el tamaño de los textos se pierde la estructuración y compresión de los contenidos.

▶ Comprobar que los contenidos textuales, como las imágenes, presentan una alternativa textual que lo describa.

▶ Verificar que no aparece la barra de desplazamiento horizontal en ninguna de las resoluciones típicas o populares, exceptuando si el diseño de la web es en horizontal. Es este último caso, se debe comprobar que no hay desplazamiento vertical en ninguna de las resoluciones.

▶ Comprobar que se puede realizar el manejo y navegación de todos los botones y enlaces de la página a través de teclado mediante el uso del tabulador, atajos de teclado, barra espaciadora, etcétera.

▶ Si la página tiene video o audio, verificar que dispone de trascripciones textuales y/o subtítulos.

▶ Examinar las páginas con algún lector de pantalla y navegador de sólo texto para verificar que los contenidos está presentados con legibilidad y en el orden correcto.

▶ Verificar la validez del código a través de alguna herramienta validadora y alguna herramienta de evaluación automática.

Al final de este análisis, se puede realizar un informe que describa el estado actual. Se debe tratar de exponer una idea global que muestre todos los aspectos que se han encontrado, es decir, tanto lo que sí se cumple, como lo que no.

Cuando se describa cada punto se deberá especificar su tipo, severidad, nivel de conformidad, criterio de conformidad y el método por el cual se encontró. Además, se pueden incluir comentarios, recomendaciones, sugerencias e, incluso, la realización de un análisis más exhaustivo.

1.4.2.2 IMPLANTACIÓN, DESARROLLO Y MANTENIMIENTO

Una vez que ya sabemos el estado del sistema o interfaz y antes de empezar la implantación o proceso de mejora de accesibilidad web, se debe establecer el nivel de adecuación que se desea aplicar, esto es A, AA o AAA y un calendario de revisión.

Seguidamente se debe seleccionar a una persona que cumpla con el rol de experto en accesibilidad para que realice los seguimientos oportunos.

Después, durante el desarrollo y/o mantenimiento, se debe proporcionar a los desarrolladores y diseñadores toda la información necesaria sobre posibles métodos de evaluación para que puedan ir avanzando sin cometer demasiados errores y no tengan que trabajar más de lo debido.

De manera adicional, de vez en cuando, se pueden realizar verificaciones con herramientas de evaluación automática para ir comprobando que todo lleva un flujo y enfoque adecuado.

1.4.3 Criterios de Conformidad por nivel de adecuación

Existen 3 niveles de adecuación. Para conseguir pasar cada uno de ellos, se tienen que cumplir una lista de criterios de conformidad.

Criterios a cumplir para pasar el nivel de adecuación A	
PERCEPTIBLE	1.1.1, 1.2.1, 1.2.2, 1.2.3, 1.3.1, 1.3.2, 1.3.3, 1.4.1 1.4.2.
OPERABLE	2.1.1, 2.1.2, 2.1.4, 2.2.1, 2.2.2, 2.3.1, 2.4.1, 2.4.2, 2.4.3, 2.4.4, 2.5.1, 2.5.2, 2.5.3, 2.5.4.
COMPRENSIBLE	3.1.1, 3.2.1, 3.2.2, 3.3.1, 3.3.2.
ROBUSTO	4.1.1, 4.1.2

Criterios a cumplir para pasar el nivel de adecuación AA	
PERCEPTIBLE	1.2.4, 1.2.5, 1.3.4, 1.3.5, 1.4.3, 1.4.4, 1.4.5, 1.4.10, 1.4.11, 1.4.12, 1.4.13.
OPERABLE	2.4.5, 2.4.6, 2.4.7.
COMPRENSIBLE	3.1.2, 3.2.3, 3.2.4, 3.2.5, 3.3.3, 3.3.4.
ROBUSTO	4.1.3

Criterios a cumplir para pasar el nivel de adecuación AAA	
PERCEPTIBLE	1.2.6, 1.2.7, 1.2.8, 1.2.9, 1.3.6, 1.4.6, 1.4.7, 1.4.8, 1.4.9.
OPERABLE	2.1.3, 2.2.3, 2.2.4, 2.2.5, 2.2.6, 2.3.2, 2.3.3, 2.4.8, 2.4.9, 2.4.10, 2.5.5, 2.5.6.
COMPRENSIBLE	3.1.3, 3.1.4, 3.1.5.

1.5 CRITERIOS DE CONFORMIDAD Y TÉCNICAS DE LA WCAG 2.1

A continuación, se describen los Criterios de Conformidad de la WCAG 2.1 extraídos de la herramienta web "Cómo cumplir con WCAG (Referencia Rápida)", propiedad de la W3.org.

Esta herramienta proporciona una lista navegable con todas las Pautas de Accesibilidad al Contenido Web, las técnicas para su implementación e información de apoyo para comprender el estándar.

Antes de empezar, cabe destacar que, en este capítulo, se expone un resumen e interpretación de los originales, más extensos. Además, en cada Criterio de Conformidad, se expone una estructura de tipo tabla en donde puede encontrar una tabla con la siguiente información:

- **NA**: Es un acrónimo que hace referencia al Nivel de Adecuación al que pertenece el Criterio de Conformidad (A, AA o AAA).

- **CC**: Es un acrónimo que hace referencia a la numeración asignada al Criterio de Conformidad (Por ejemplo, 1.1.1).

- **Propósito**: Es un breviario o resumen breve, conciso y sustancial del objetivo del Criterio de Conformidad.

- **Más Información**: Contiene la URL dónde se encuentra explicada la descripción original del Criterio de Conformidad (en inglés).

1.5.1 CC-1.1.1. Contenido sin texto

NA	Propósito
A	Hacer que la información transmitida por el contenido no textual sea accesible a través del uso de una alternativa de texto.

Más información en:
https://www.w3.org/WAI/WCAG21/Understanding/non-text-content.html

MÉTODO PARA HACER CUMPLIR ESTA CONFORMIDAD

Si las imágenes no son decorativas se les debe asignar una descripción o texto alternativo adecuado. Si la imagen es decorativa, la propiedad alt puede estar establecida a cadena vacía.

```
<div>
    <img src="logo.png" alt="Logo de Isla Visual" />
</div>
```

En lo referente a formularios, se deben establecer nombres descriptivos en la propiedad VALUE de los botones y asociar una etiqueta (LABEL) adecuada a cada uno de los campos de entrada (INPUT y/o SELECT). Si esto no fuera posible, se debe establecer la propiedad TITLE al igual que sucede con los archivos multimedia.

```
<form name="" action="">
    <img src="decoracionSuperior.png" alt="" />

    <label for="name">
        Nombre del usuario
        <input id="name" name="name" />
    </label>

    <label for="username">
        Nombre del usuario
        <input name="username" placeholder="Escriba su nombre completo"/>
    </label>

    <button type="submit" value="GUARDAR"></button>
</form>
```

En lo referente a regiones activas y etiquetas de texto no textuales (como DIV u otras capas internas) se puede utilizar ARIA-LABEL para que puedan ser analizadas por las tecnologías asistivas.

```
<div class="panel" role="region" aria-label="Resumen de la noticia">
    <header class="panel-header">
        <h4 id="headerWidget" class="panel-title">
            Las tormentas golpean la costa de Galicia
            <div class="to-right">
                <a href="#" role="button" class="btn">x</a>
            </div>
        </h4>
    </header>

    <div class="panel-body">
        <p>
            Lluvias torrenciales y vientos huracanados han azotado la costa de
Cantabria, causando inundaciones y pérdidas económicas. Además, las temperaturas
```

```
se han desplomado causando...

            <a href="news.html" aria-labelledby="headerWidget">
                Seguir leyendo sobre la noticia
            </a>
        </p>
    </div>
</div>
```

En el código anterior podemos observar que, además de utilizar el atributo ARIA.LABEL, también se utiliza la propiedad ARIA-LABELLEDBY. La diferencia estriba en que ARIA-LABEL se utiliza para dar información sobre el contenedor externo mientras que, ARIA-LABELLEDBY proporciona una breve descripción del elemento a través del contenido de otro elemento.

No obstante, puede que se requiera aportar una descripción más detallada de un objeto no textual, como una fotografía o imagen de cuadros. Esto se puede realizar a través de la propiedad ARIA-DESCRIBEDBY.

```
<form>
    <label for="email">Email address</label>
    <input type="email" name="email" aria-describedby="email-description"/>
    <p id="email-description">
        La dirección de correo electrónico introducida no será utilizada por
terceros.
    </p>

    <button type="submit">Enviar</submit>
</form>
```

1.5.2 CC-1.2.1. Sólo audio y sólo vídeo (pregrabado)

NC	Propósito
A	Hacer que la información transmitida en las páginas a través de únicamente audio y/o vídeo pregrabado esté disponible para todos los usuarios. Un ejemplo de vídeo pregrabado sin la interacción del usuario o información de audio es una película muda.

Más información en:
https://www.w3.org/WAI/WCAG21/Understanding/audio-only-and-video-only-prerecorded.html

ENTENDIMIENTO

Si se está tratando una presentación sólo de audio o de sólo vídeo, la información puede presentarse en una gran variedad de formas. Ejemplo de ello es que, puede incluir animaciones y/o gráficos, el entorno, acciones y/o expresiones de personas, diálogos, sonidos de cualquier naturaleza, etc.

Con el fin de presentar la misma información en forma accesible, esta técnica implica la creación de un documento que cuente la misma historia y presente la misma información que el contenido multimedia que se desea exponer. La utilidad de este documento es que, en él, se proporciona una descripción larga para todo el contenido, incluyendo el diálogo, descripciones de sonidos (sean de fondo o no), etcétera y que son parte fundamental de la historia.

MÉTODO PARA HACER CUMPLIR ESTA CONFORMIDAD

Para hacer cumplir este requerimiento, se debe establecer una transcripción alternativa a modo de título y una descripción larga que describa el objeto de audio o vídeo, habitualmente debajo. No obstante, puede ser obviado si el video o audio es una alternativa de medios para el texto y está claramente etiquetado como tal.

Para rea transcripción alternativa del audio o vídeo se puede usar la etiqueta TRACK de HTML5 que especifica la pista de texto que contiene la descripción de descripciones para dicha entidad.

Las pistas de texto cronometradas de una transcripción de audio contienen descripciones textuales del componente de vídeo, destinado a la síntesis de audio cuando el componente visual está oscurecido, no está disponible o no se puede utilizar. De esta forma, el agente de usuario puede sintetizarlas, por ejemplo, mediante la voz.

```
<video poster="myvideo.png" controls>
    <source src="madrid.mp4" srclang="en" type="video/mp4">
    <source src="madrid.webm" srclang="es" type="video/webm">

    <track src="madrid_en.vtt" kind="descriptions"
           srclang="en" label="English" type="text/vtt">

    <track src="madrid_es.vtt" kind="descriptions"
           srclang="es" label="Spanish" default type="text/vtt">
</video>
```

Como se puede ver en el código anterior, la transcripción de audio se ha realizado mediante WebVTT, aunque también es posible realizar esta técnica a través de SMIL o SubRip.

El contenido de este archivo VTT será similar a lo siguiente:

```
WEBVTT
1
00:00:05.254 --> 00:00:10.608
Plaza mayor

2
00:00:10.796 --> 00:00:15.184
Templo de Debod

3
00:00:15.232 --> 00:00:20.206
Museo Nacional del Prado

4
00:00:20.307 --> 00:00:25.415
Parque del Retiro

5
00:00:25.502 --> 00:00:30.574
Mercado de San Miguel
```

Cabe destacar que SMIL permite, además, definir las regiones separadas para el vídeo y los subtítulos de forma que, los títulos y la reproducción de vídeo se sincronizan de manera externa.

El texto de la leyenda se visualiza en una región de la pantalla y el video en otra, sin embargo, es frecuente ver ambas capas superpuestas como si de un video o banner único se tratase.

1.5.3 CC-1.2.2. Subtítulos (pregrabados)

NC	Propósito
A	Permitir a las personas sordas o con problemas auditivos ver presentaciones multimedia de forma sincronizada a través de subtítulos, excepto cuando es un contenido multimedia alternativo al texto y se encuentra claramente identificado como tal.

Más información en:
https://www.w3.org/WAI/WCAG21/Understanding/captions-prerecorded.html

ENTENDIMIENTO

Proporcionar una forma para que las personas con discapacidad auditiva total o parcial puedan ver el material. Con esta técnica todo el diálogo y sonidos importantes se incorporan como texto en la pista de vídeo. Como resultado, siempre son visibles y el agente de usuario no requiere ningún soporte especial para subtitular.

NOTA

Esta normativa debe ser combinada con el Criterio de Conformidad 1.2.4 Subtítulos (en directo), si procede.

MÉTODO PARA HACER CUMPLIR ESTA CONFORMIDAD

Una de las formas actuales y frecuentes para hacer cumplir este requerimiento es utilizar la etiqueta TRACK de HTML5 que especifica la pista de texto que contiene la descripción de descripciones para el elemento que, se desea, sea accesible.

```html
<video poster="myvideo.png" controls>
    <source src="madrid.mp4" srclang="en" type="video/mp4">
    <source src="madrid.webm" srclang="es" type="video/webm">

    <track src="myv_en.ttml" kind="captions" srclang="en" label="English">
    <track src="myv_es.ttml" kind="captions" srclang="es" label="Spanish">
</video>
```

Y el archivo de subtítulos podría ser:

```xml
<?xml version="1.0" encoding="UTF-8"?>
<tt xmlns="http://www.w3.org/ns/ttml">
    <head>
        <metadata xmlns:ttm="http://www.w3.org/ns/ttml#metadata">
            <ttm:title>Timed Text TTML Example</ttm:title>
            <ttm:copyright>The Authors (c) 2006</ttm:copyright>
        </metadata>
        <styling xmlns:tts="http://www.w3.org/ns/ttml#styling">
            <!-- s1 specifies default color, font, and text alignment -->
            <style xml:id="s1"
                    tts:color="white"
                    tts:fontFamily="proportionalSansSerif"
                    tts:fontSize="22px"
                    tts:textAlign="center"
            />
            <style xml:id="s2" style="s1" tts:color="white"/>
        </styling>
        <layout xmlns:tts="http://www.w3.org/ns/ttml#styling">
            <region xml:id="subtitleArea"
                    style="s1"
                    tts:extent="560px 62px"
                    tts:padding="5px 3px"
```

```
                    tts:backgroundColor="black"
                    tts:displayAlign="after"
            />
        </layout>
    </head>

    <body region="subtitleArea">
        <div>
            <p xml:id="subtitle1" begin="05.25s" end="10.60s">
                Plaza Mayor
            </p>
            <p xml:id="subtitle2" begin="10.80s" end="15.20s">
                Templo de Debod
            </p>
            <p xml:id="subtitle3" begin="15.20s" end="20.20s" style="s2">
                Museo Nacional del Prado
            </p>
            <p xml:id="subtitle4" begin="20.30s" end="25.40s">
                Parque del Retiro
            </p>
            <p xml:id="subtitle5" begin="25.50s" end="30.60s" style="s2">
                Mercado de San Miguel
            </p>
        </div>
    </body>
</tt>
```

Cabe destacar que, este requerimiento, es posible hacerlo a través de otras técnicas como SMIL, Flash o MediaElements. Todos ellos permiten hacer cumplir este Criterio de Conformidad, aunque, dependiendo del caso, se podrán realizar más o menos personalizaciones sobre los subtítulos y con más o menos facilidad.

1.5.4 CC-1.2.3. Descripción de audio o medio alternativo (pregrabado)

NC	Propósito
A	Proporcionar una alternativa para los medios basados en tiempo o, en su defecto, una descripción de audio del contenido que está sincronizado con el vídeo, excepto cuando ese contenido multimedia sea alternativo al texto y está claramente identificado como tal.

Más información en:
https://www.w3.org/WAI/WCAG21/Understanding/audio-description-or-media-alternative-prerecorded.html

ENTENDIMIENTO

El propósito de esta técnica es proporcionar una alternativa a la descripción de audio para medios sincronizados que no tienen información importante basada en el tiempo dentro de la porción de vídeo. Esto se aplica especialmente a los videos con "Enfoque en la cabeza" donde una persona está hablando frente a un fondo inmutable, como una conferencia de prensa, un discurso del presidente de la compañía, etc. No hay "detalles visuales importantes" que justifiquen la descripción de audio.

MÉTODO PARA HACER CUMPLIR ESTA CONFORMIDAD

Una de las formas es proporcionar un enlace al documento que contiene los subtítulos y la descripción de audio. Este enlace, puede estar en la misma o en otra ubicación del sitio web.

```html
<a name="startrek-film"></a>

<p>
    <a href="StarTrek-film.mpg">
        Star Trek La Película
    </a>,
    <a href="http://www.example.com/transcripts/startrek_transcript.htm">
        Star Trek Transcripción intercalada
    </a>
</p>
```

Si el documento enlazado está en la misma página Web que otro contenido, a continuación, se debe poner el texto "Fin del documento", para indicar cuándo deben dejar de leer y volver a su posición anterior.

Si el botón "Atrás" no llevase a la persona de nuevo al punto desde el que se accedió, entonces se debe proporcionar un enlace a la ubicación del contenido no textual.

Otra de las formas para conseguir pasar este requerimiento es proporcionar una alternativa de texto para contenido generado utilizando el elemento OBJECT de HTML.

```html
<object classid="http://www.example.com/animatedlogo.py">
    <img src="islavisual-logo.gif" alt="logo de Islavisual" />
</object>
```

```
<object data="islavisual-logo.gif" type="image/gif">
    <p>Logo oficial de la página islavisual.com</p>
</object>
```

Como se puede apreciar, el cuerpo de la estructura OBJECT de HTML se puede utilizar para proporcionar una alternativa de texto completa. No obstante, puede incluir contenido adicional sin texto con alternativas de texto.

Y aunque existen otras posibilidades, otra de las maneras recurrentes es usar SMIL.

```
<?xml version="1.0" encoding="UTF-8"?>
<smil xmlns:qt="http://www.apple.com/quicktime/resources/smilextensions"
      xmlns="https://www.w3.org/TR/REC-smil"
      qt:time-slider="true">
    <head>
        <layout>
            <root-layout background-color="black"
                         height="266" width="320"/>
            <region id="videoregion" background-color="black"
                    top="0" left="0" height="200" width="320"/>
        </layout>
    </head>

    <body>
        <par>
            <video src="StarTrek-film.mpg"
                   region="videoregion"
                   clip-begin="0" clip-end="145.3"
                   dur="8.7" fill="freeze" alt="videoalt"/>
            <audio src="StarTrek-audio.wav" begin="2.1" alt="audio alt"/>
        </par>
    </body>
</smil>
```

1.5.5 CC-1.2.4. Subtítulos (en directo)

NC	Propósito
AA	Permitir que las personas que presentan una discapacidad auditiva puedan ver en tiempo real las presentaciones a través de subtítulos que describan todo lo que sucede, incluyendo efectos de sonido.

Más información en:
https://www.w3.org/WAI/WCAG21/Understanding/captions-live.html

ENTENDIMIENTO

Proporcionar una forma para que las personas con discapacidad auditiva total o parcial puedan ver el material. Es decir, todo el diálogo, y todos los sonidos importantes que aparecen en la presentación, deben ser incorporados como texto en la pista de vídeo, entre otras razones, para que los usuarios no requieran ningún soporte adicional para subtitular.

MÉTODO PARA HACER CUMPLIR ESTA CONFORMIDAD

Una de las formas comunes para hacer cumplir este requerimiento es utilizar el elemento TRACK de HTML5 tal y como sucede en los Criterios de Conformidad anteriores.

```html
<video poster="myvideo.png" controls>
    <source src="madrid.mp4" srclang="en" type="video/mp4">
    <source src="madrid.webm" srclang="es" type="video/webm">

    <track src="madrid_en.vtt" kind="descriptions"
           srclang="en" label="English" type="text/vtt">

    <track src="madrid_es.vtt" kind="descriptions"
           srclang="es" label="Spanish" default type="text/vtt">
</video>
```

Sin embargo, la forma más frecuente para cubrir esta necesidad, quizás sea, a través de las tecnologías SMIL o SVG.

```xml
<?xml version="1.0" encoding="UTF-8"?>
<smil xmlns="https://www.w3.org/2001/SMIL20/Language">
    <head>
        <layout>
            <root-layout backgroundColor="black" height="266" width="320"/>
            <region id="video" backgroundColor="black"
                    top="5" left="5" height="200" width="320" />
            <region id="captions" backgroundColor="black"
                    top="206" height="60" left="5" width="320"/>
        </layout>
    </head>

    <body>
        <par>
            <video src="StarTrek-film.mpg"
                   region="video"
```

```
                    title="Star Trek La película"
                    alt="Star Trek La película"/>

            <text src="data:, El espacio:"
                region="captions"
                begin="0s"
                dur="1">
                <param name="charset" value="utf-8"/>
                <param name="fontFace" value="System"/>
                <param name="fontColor" value="white"/>
                <param name="backgroundColor" value="black"/>
            </text>

            <text src="data:,La última frontera."
                region="captions"
                begin="2s"
                dur="2">
                <param name="charset" value="utf-8"/>
                <param name="fontFace" value="System"/>
                <param name="fontColor" value="white"/>
                <param name="backgroundColor" value="black"/>
            </text>
            <text src="data:, Estos son los viajes de la nave estelar «Enterpri-
se»"
                region="captions"
                begin="4s"
                dur="5">
                <param name="charset" value="utf-8"/>
                <param name="fontFace" value="System"/>
                <param name="fontColor" value="white"/>
                <param name="backgroundColor" value="black"/>
            </text>
        </par>
    </body>
</smil>
```

1.5.6 CC-1.2.5. Descripción de audio (pregrabado)

NC	Propósito
AA	Proporcionar a aquellas personas que tengan una deficiencia visual total o parcial una descripción de audio con toda la información visual importante de una presentación multimedia de forma sincronizada.

Más información en:
https://www.w3.org/WAI/WCAG21/Understanding/audio-description-prerecorded.html

MÉTODO PARA HACER CUMPLIR ESTA CONFORMIDAD

Existen varias soluciones, pero la más eficaz quizás sea facilitar una segunda pista de audio que incluya las descripciones de audio en formato SMIL narrando todo lo que sucede visualmente y que pueda ser seleccionable por el usuario.

```html
<video id="video" preload="auto"
       controls="controls"
       width="320" height="240"
       poster="./media/StarTrek-film.jpg">
    <source src="StarTrek-film.mp4" type="video/mp4">
    <source src="StarTrek-film.webm" type="video/webm">
</video>

<audio id="audio" preload="auto">
    <source src="StarTrek-film.mp3" type="audio/mp3">
    <source src="StarTrek-film.ogg" type="audio/ogg">
</audio>

<script type="text/javascript">
(function(){
    var video = document.getElementById('video');
    var audio = document.getElementById('audio');

    // Si los controladores de medios son compatibles,
    // crea una instancia de controlador para el video y el audio
    if(typeof(window.MediaController) === 'function'){
        var controller = new MediaController();
        audio.controller = controller;
        video.controller = controller;
    } else {
        // Se crea una referencia de controlador nulo para comparar
        controller = null;
    }
    // Reducimos el volumen del video para enfatizar el audio
    audio.volume = 1;
    video.volume = 0.8;

    // Cuando el video se reproduce
    video.addEventListener('play', function(){
        if(!controller && audio.paused){
            audio.play();
        }
    }, false);

    video.addEventListener('pause', function(){
        if(!controller && !audio.paused){
```

```
                audio.pause();
            }
        }, false);

        video.addEventListener('ended', function(){
            if(controller){
                controller.pause();
            } else {
                video.pause();
                audio.pause();
            }
        }, false);

        video.addEventListener('timeupdate', function(){
            if(!controller && audio.readyState >= 4){
                var audioTime = Math.ceil(audio.currentTime);
                var videoTime = Math.ceil(video.currentTime);
                if( audioTime != videoTime){
                    audio.currentTime = videoTime;
                }
            }
        }, false);

    })();
</script>
```

Si nos fijamos en el código anterior, en la parte de JavaScript se han definidos una serie de funciones y métodos. Primero, se recuperan las referencias de las estructuras AUDIO y VIDEO. Después, se define una instancia controladora, se ajusta volumen de ambos elementos y se establecen unos eventos de reproducción, pausa, finalización y actualización de tiempo.

Este último método, comprueba que el audio ya está cargado y, seguidamente, sobrescribe el tiempo del audio si los tiempos del audio y video son distintos para que ambos tiempos estén sincronizados.

1.5.7 CC-1.2.6. Lenguaje de signos (pregrabado)

NC	Propósito
AAA	Permitir a las personas sordas o con discapacidad auditiva y que tienen fluidez con el lenguaje de signos entender el contenido de la pista de audio en presentaciones multimedia.

Más información en:
https://www.w3.org/WAI/WCAG21/Understanding/sign-language-prerecorded.html

MÉTODO PARA HACER CUMPLIR ESTA CONFORMIDAD

Permitir que los usuarios que no puedan oír o leer textos rápidamente, acceder al material multimedia sincronizado. Para ello, una forma universal de hacer esto es simplemente incrustar un video con el intérprete de lenguaje de signos en el flujo de video. Sin embargo, esto tiene la desventaja de que se debe proporcionar una imagen con menor resolución que no es posible agrandar fácilmente sin ampliar la imagen completa.

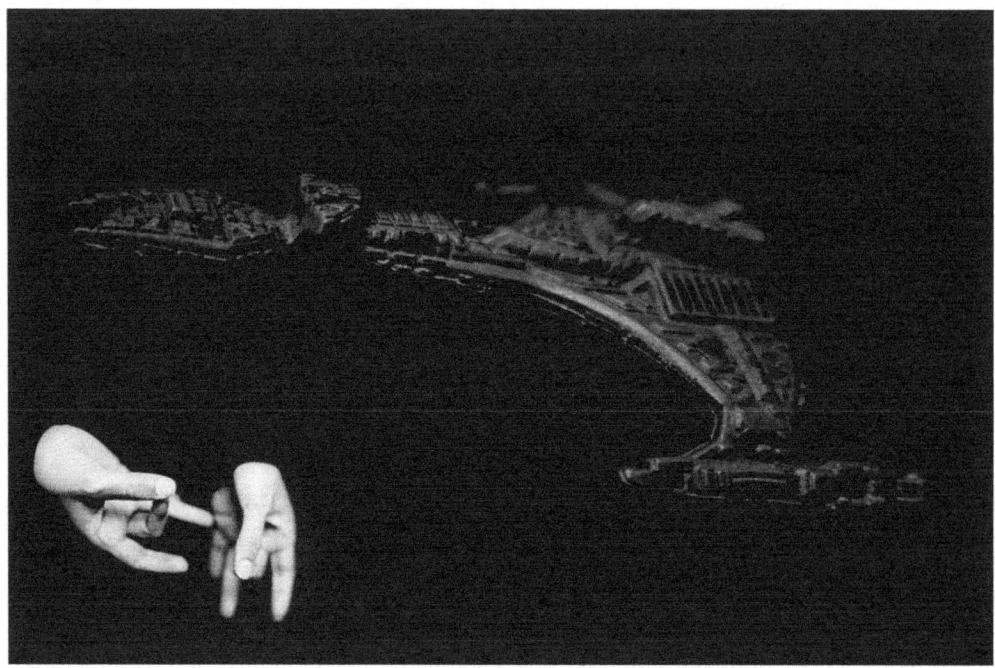

Otra forma de lograr esto es proporcionar la interpretación de lenguaje de signos como una secuencia de vídeo independiente que se sincroniza con la secuencia de vídeo original. Dependiendo del reproductor, este flujo de vídeo secundario puede superponerse en la parte superior del vídeo original o mostrarse en una ventana independiente. También puede ser posible ampliar el intérprete de lenguaje de señas por separado del video original para facilitar la lectura de los movimientos de la mano, el cuerpo y el rostro del firmante.

Esta técnica habitualmente se suele desarrollar a través de SMIL ya que es una tecnología que permite definir regiones separadas y realizar sincronizaciones entre ambos vídeos.

```
<?xml version="1.0" encoding="UTF-8"?>
<smil xmlns="https://www.w3.org/2001/SMIL20/Language">
```

```
<head>
    <layout>
        <root-layout backgroundColor="black" height="266" width="320"/>
        <region id="video" backgroundColor="black"
                top="5" left="5"
                height="200" width="320" />
        <region id="signing" backgroundColor="black"
                top="206" left="5"
                height="60" width="320"/>
    </layout>
</head>

<body>
    <par>
        <video src="StarTrek-film.mpg"
               region="video"
               title="Star Trek La película"
               alt="Star Trek La película"/>

        <video src="StarTrek-film_signing.mpg"
               region="signing"
               systemCaptions="on"
               title="Interpretación de lenguaje de signos"
               alt="Star Trek - Interpretación de lenguaje de signos"/>
    </par>
</body>
</smil>
```

Si nos fijamos en el código anterior, se observa una estructura PAR que contiene dos etiquetas VIDEO. El atributo SYSTEMCAPTIONS indica que el video en lenguaje de señas debe mostrarse cuando el usuario configure el reproductor para mostrar los subtítulos como preferencia. La estructura LAYOUT define las regiones utilizadas para el video principal y el video de interpretación del lenguaje de señas.

1.5.8 CC-1.2.7. Descripción de audio extendida (pregrabada)

NC	Propósito
AAA	Proporcionar a aquellas personas con deficiencia visual parcial o total una presentación multimedia sincronizada más detallada que lo que podría ser la descripción de audio estándar.

Más información en:
https://www.w3.org/WAI/WCAG21/Understanding/extended-audio-description-prerecorded.html

MÉTODO PARA HACER CUMPLIR ESTA CONFORMIDAD

Permitir que haya más descripción de audio que se ajuste a los silencios del diálogo del material audiovisual. Dicho de otro modo, se debe proporcionar un archivo de audio con descripción extendida para todo contenido de vídeo. Esto implicará que el video tenga varias "pausas" para que la descripción de audio se pueda reproducir.

Con SMIL 2.0 no existe una manera sencilla de realizar esto, pero es posible especificar que los archivos de audio y vídeo se reproduzcan en momentos concretos, parando el video mientras se reproduce el audio.

El efecto es que el video parece reproducirse de extremo a extremo, pero se congela en determinados momentos mientras se proporciona una descripción de audio más larga. Posteriormente, se continúa de forma automática, con la reproducción del video cuando termina la descripción de audio extendida.

Una de las técnicas para activar y desactivar la descripción de audio ampliada, podría ser utilizar un código externo que permitiese elegir entre dos secuencias de comandos SMIL, una con la descripción de audio extendida y otra sin ella.

Otro de las técnicas para activar y desactivar la descripción de audio extendida podría ser utilizar un código interno que agregase o eliminase las líneas extendidas de la descripción audio incluidas en el archivo SMIL de modo que los clips de la película pudieran reproducirse sin interrupciones.

No obstante, como en algunas ocasiones este tipo de funcionalidad no está disponible, también es posible proporcionar dos versiones del video, una versión con la descripción extendida de audio y otra sin ella.

A continuación, se muestra un código realizado en SMIL 1.0 que permite ajustar las descripciones de audio extendidas a continuación del vídeo:

```
<?xml version="1.0" encoding="UTF-8"?>
<smil xmlns:qt="http://www.apple.com/quicktime/resources/smilextensions"
      xmlns="https://www.w3.org/TR/REC-smil" qt:time-slider="true">
    <head>
        <layout>
            <root-layout background-color="black"
                    height="266"
                    width="320" />
            <region id="videoregion"
                    background-color="black"
                    top="26" left="0"
                    height="144" width="320" />
        </layout>
```

```
    </head>
    <body>
        <par>
            <seq>
                <par>
                    <video src="presentacionEvento-parte-1.mp4"
                        region="videoregion"
                        clip-begin="0s" clip-end="5.4"
                        dur="8.7"
                        fill="freeze"
                        alt="Vídeo del evento parte 1"/>
                    <audio src="presentacionEvento-audio-ext-1.wav"
                        begin="5.4"
                        alt="Audio extendido evento parte 1"/>
                </par>
                <par>
                    <video src="presentacionEvento-parte-2.mp4"
                        region="videoregion"
                        clip-begin="5.4" clip-end="24.1"
                        dur="20.3"
                        fill="freeze"
                        alt="Vídeo del evento parte 2"/>
                    <audio src="presentacionEvento-audio-ext-2.wav"
                            begin="18.7"
                            alt="Audio extendido evento parte 2"/>
                </par>
            </seq>
        </par>
    </body>
</smil>
```

Si no fijamos en el código anterior podremos observar que, para que los videos se detengan durante las descripciones de audio, se establecen las propiedades CLIP-BEGIN y CLIP-END con la duración real del video y, en la propiedad DUR, se establece una duración que es la suma tanto del video como del audio.

Para que la imagen del vídeo quede congelada, se establece la propiedad FILL a "freeze" de forma que el último fotograma del video se queda expuesto durante la descripción extendida.

Evidentemente, para que el audio extendido se reproduzca a continuación del video, el atributo BIGIN del elemento AUDIO debe establecerse al valor definido por la propiedad CLIP-END del elemento VIDEO que tiene como predecesor.

Y la misma funcionalidad, pero realizada bajo SMIL 2.0 podría ser:

```
<smil xmlns="https://www.w3.org/2001/SMIL20/Language">
    <head>
        <layout>
            <root-layout backgroundColor="black"
                         height="266"
                         width="320"/>
            <region id="video"
                    backgroundColor="black"
                    top="26"
                    left="0"
                    height="144"
                    width="320"/>
        </layout>
    </head>

    <body>
        <excl>
            <priorityClass peers="pause">
                <video src="presentacionEvento.mp4"
                       region="video"
                       title="Vídeo del evento"
                       alt="Vídeo del evento" />
                <audio src="presentacionEvento-audio-ext-1.wav"
                       begin="5.4s"
                       alt="Audio extendido evento parte 1" />
                <audio src="presentacionEvento-audio-ext-2.wav"
                       begin="18.7s"
                       alt="Audio extendido evento parte 2" />
            </priorityClass>
        </excl>
    </body>
</smil>
```

Como detalle final, cabe destacar que, también suele combinarse esta técnica con métodos de HTML5, como se describe en puntos anteriores

1.5.9 CC-1.2.8. Alternativa de medios (pregrabado)

NC	Propósito
AAA	Proporcionar una alternativa audiovisual para aquellas personas que poseen una discapacidad visual tal que no pueden leer de forma fiable los subtítulos y para aquellas personas que poseen una discapacidad auditiva tal que no pueden escuchar de forma fiable el diálogo y la descripción de audio.

Más información en:
https://www.w3.org/WAI/WCAG21/Understanding/media-alternative-prerecorded.html

MÉTODO PARA HACER CUMPLIR ESTA CONFORMIDAD

Una de las formas es proporcionar un enlace al documento que contiene los subtítulos y la descripción de audio. Este enlace, puede estar en la misma o en otra ubicación del sitio web.

```
<a name="startrek-film"></a>

<p>
    <a href="StarTrek-film.mpg">
        Star Trek La Película
    </a>,
    <a href="http://www.example.com/transcripts/startrek_transcript.htm">
        Star Trek Transcripción intercalada
    </a>
</p>
```

Si el documento enlazado está en la misma página Web que otro contenido, a continuación, se debe poner el texto "Fin del documento", para indicar cuándo deben dejar de leer y volver a su posición anterior.

Si el botón "Atrás" no llevase a la persona de nuevo al punto desde el que se accedió, entonces se debe proporcionar un enlace a la ubicación del contenido no textual.

Otra de las formas para conseguir pasar este requerimiento es proporcionar una alternativa de medios para contenido generado utilizando el elemento OBJECT de HTML.

```
<object classid="http://www.example.com/animatedlogo.py">
    <img src="islavisual-logo.gif" alt="logo de Islavisual" />
</object>

<object data="islavisual-logo.gif" type="image/gif">
    <p>Logo oficial de la página islavisual.com</p>
</object>
```

Como se puede apreciar, el cuerpo de la estructura OBJECT de HTML se puede utilizar para proporcionar una alternativa de medios completa. No obstante, puede incluir contenido adicional sin texto con alternativas de texto.

El contenido interno del elemento OBJECT sólo estará disponible para el usuario cuando el contenido multimedia no pueda ser reproducido por el agente de usuario, ya sea porque no admite la tecnología que utiliza el medio (por ejemplo,

MPEG) o porque el usuario ha configurado al agente de usuario para que no procese esa tecnología.

Si se desease representar los archivos multimedia sin este contenido interno, se debería hacer que todos ellos fuesen directamente accesibles.

Y, aunque existen otras posibilidades, otra de las maneras recurrentes es usar SMIL.

```xml
<?xml version="1.0" encoding="UTF-8"?>
<smil xmlns:qt="http://www.apple.com/quicktime/resources/smilextensions"
      xmlns="https://www.w3.org/TR/REC-smil"
      qt:time-slider="true">
    <head>
        <layout>
            <root-layout background-color="black"
                         height="266" width="320"/>
            <region id="videoregion" background-color="black"
                    top="0" left="0" height="200" width="320"/>
        </layout>
    </head>

    <body>
        <par>
            <video src="StarTrek-film.mpg"
                   region="videoregion"
                   clip-begin="0" clip-end="145.3"
                   dur="8.7" fill="freeze" alt="videoalt"/>
            <audio src="StarTrek-audio.wav" begin="2.1" alt="audio alt"/>
        </par>
    </body>
</smil>
```

1.5.10 CC-1.2.9. Sólo Audio (en directo)

NC	Propósito
AAA	Hacer que la información auditiva que se transmite en directo, como pueda ser una videoconferencia, un podcast o una retransmisión en streaming, sea accesible a través de una alternativa de texto.

Más información en:
https://www.w3.org/WAI/WCAG21/Understanding/audio-only-live.html

MÉTODO PARA HACER CUMPLIR ESTA CONFORMIDAD

Al igual que sucede en criterios de conformidad anteriores, se puede facilitar un enlace a la transcripción de texto, proporcionar alternativas basadas en texto para contenido solo de audio o, incorporar un servicio de subtítulos de audio al sistema.

La opción de utilizar un servicio de subtítulos en tiempo real en directo puede que sea la más extendida porque, este tipo de servicios, utilizan un operador humano entrenado que transcribe el contenido en el menor tiempo posible. Además, son capaces de capturar los eventos en directo con un alto grado de fidelidad, y pueden insertar notas en cualquier audio no hablado que es esencial para comprender dichos eventos. Como requisito adicional, la ventana que contiene el texto de la leyenda debe estar disponible en la misma página Web que el contenido de audio en directo.

Si el contenido de audio en directo sigue un guion predefinido, es preferible proporcionar una transcripción de audio que siga un guion lo más preciso y completo posible, aunque no esté sincronizado con el audio en el momento de la reproducción.

Otra posibilidad podría ser permitir, a los usuarios que no puedan oír, acceder a emisiones de audio en tiempo real. No obstante, con esta opción es más difícil crear alternativas precisas en tiempo real porque hay poco tiempo para corregir los errores, escuchar una segunda vez o consultar a un tercero para asegurarse de que las palabras son fidedignas. Si a todo esto, le añadimos que el contenido es demasiado denso o difícil de simplificar o de parafrasear, trascribir la información puede ser una misión imposible.

Por último, cabe destacar que existen técnicas de escritura de texto en tiempo real que usan tecnologías de tipografía rápidas y/o estenográficas. Hoy en día, es frecuente utilizar servicios tipo Speech-To-Text donde una herramienta de software escucha la voz y se transcribe a texto, casi, de manera inmediata.

1.5.11 CC-1.3.1. Información y relaciones

NC	Propósito
A	Garantizar que la información, estructura y relaciones implícitas en formato visual o auditivo pueden ser determinadas mediante programación y permiten su conservación cuando cambia el formato de la presentación.

Más información en:
https://www.w3.org/WAI/WCAG21/Understanding/info-and-relationships.html

ENTENDIMIENTO

En una página web podemos encontrar dos tipos de percepciones, las visuales y las auditivas.

Si los usuarios no presentan una discapacidad visual, perciben la estructura y relaciones de las páginas a través de una estimulación concreta. Por ejemplo, es frecuente ver los encabezados contrastados en comparación con el fondo de la página con un tamaño de letra mayor o fuente diferente. También pueden observar que las listas suelen ir acompañadas de viñetas y una cierta sangría y que las tablas o entidades de cuadrícula se organizan en filas y columnas con diferentes tonos de color, etcétera.

Si los usuarios no presentan una discapacidad auditiva y la página dispone de efectos sonoros como una melodía, un sonido de campana que indica el inicio y fin de una acción o un cambio en la tonalidad durante la reproducción de un discurso, la percepción sensorial aumenta y, por tanto, la cantidad de información que reciben.

Pues bien, el objetivo de este Criterio de Conformidad es hacer que todas estas percepciones sean accesibles para todos.

MÉTODO PARA HACER CUMPLIR ESTA CONFORMIDAD

Se puede crear la estructura del contenido web utilizando los elementos semánticos adecuados. En otras palabras, los elementos se utilizan según su significado, no por la forma en que aparecen visualmente.

En HTML, por ejemplo, los elementos de nivel de frase tales como EM, ABBR y CITE agregan información semántica dentro de oraciones, marcando texto para énfasis e identificando abreviaturas y citas, respectivamente. De hecho, si se usa HTML5, es una buena idea porque proporciona un gran valor semántico al contenido.

La técnica más recurrente quizás sea utilizar las propiedades ROLE y ARIA-LABELLEDBY para describir regiones, puntos de referencia o controles de interfaz de usuario.

```
<div id="leftnav" role="navigaton" aria-labelledby="leftnavheading">
    <h2 id="leftnavheading">Enlaces de interés</h2>
    <ul>
        <li>...Lista de enlaces ...</li>
    </ul>
</div>

<div id="rightnav" role="navigation" aria-labelledby="rightnavheading">
    <h2 id="rightnavheading">Nube de etiquetas</h2>
    <ul>
        <li>... Lista de etiquetas ...</li>
    </ul>
</div>
```

No obstante, se puede utilizar atributos ARIA-LABEL que indiquen las opciones de las regiones o áreas activas que no tengan una etiqueta de texto visible. Por ejemplo, si se define un botón de cerrado se puede proporcionar una propiedad ARIA-LABEL con un valor establecido a "close" o, si es una opción de menú de tipo icono se puede proporcionar una propiedad ARIA-LABEL con un valor establecido a MENUITEM.

```html
<div id="leftnav" role="navigaton" aria-label="Primary">
    <ul>
        <li>...Lista de enlaces ...</li>
    </ul>
</div>

<div id="rightnav" role="navigation" aria-label="Secondary">
    <ul>
        <li>... Lista de etiquetas ...</li>
    </ul>
</div>
```

Si se utilizan tablas, se deben la propiedad ID de las celdas de datos deben estar asociadas con los encabezados través de la etiqueta HEADERS o la propiedad SCOPE. Además, se debe proporcionar un título a través de la propiedad CAPTION y una descripción a través de la propiedad SUMMARY.

```html
<table role="table" summary="Mostrando el listado de libros de Pablo E. Fernán-
dez Casado incluyendo su ID, título y año de publicación">
    <caption>Listado de libros de Pablo E. Fernández Casado</caption>
    <thead role="rowgroup">
        <tr role="row">
            <th scope="col" role="columnheader" data-type="number">ID</th>
            <th scope="col" role="columnheader">Título</th>
            <th scope="col" role="columnheader">Año</th>
        </tr>
    </thead>
    <tbody role="rowgroup">
        <tr role="row">
            <td role="cell" data-type="number">001</td>
            <td role="cell" scope="row">Usabilidad Teoría y Uso</td>
            <td role="cell">2018</td>
        </tr>
        <tr role="row">
            <td role="cell" data-type="number">002 </td>
            <td role="cell" scope="row">JavaScript para todos</td>
            <td role="cell">2019</td>
```

```
        </tr>
        <tr role="row">
            <td role="cell" data-type="number">003</td>
            <td role="cell" scope="row">Pensamientos Vagabundos</td>
            <td role="cell">2020</td>
        </tr>
    </tbody>
</table>
```

Si se utilizan formularios, se deben asociar estructuras de tipo LABEL con sus elementos de formulario correspondientes INPUT o SELECT. Si, además, los elementos están relacionados, se deben agrupar mediante las etiquetas FIELDSET y LEGEND.

```
<form class="pure-form">
    <fieldset>
        <legend>Ejemplo.com - Acceder a la parte privada</legend>

        <label>
            <span>Nombre de usuario</span>
            <input type="text"
                placeholder="Introduzca el nombre de usuario"
                name="username" required />
        <label>

        <label>
            <span>Contraseña</span>
            <input type="password"
                placeholder="Introduzca su contraseña"
                name="password" required>

        <button type="submit">Enviar</button>
    </fieldset>
</form>
```

1.5.12 CC-1.3.2. Secuencia significativa

NC	Propósito
A	Proporcionar una forma alternativa de presentar los contenidos cuando la secuencia afecta a la lectura.

Más información en:
https://www.w3.org/WAI/WCAG21/Understanding/meaningful-sequence.html

MÉTODO PARA HACER CUMPLIR ESTA CONFORMIDAD

Si la secuencia en la que se presenta el contenido afecta o puede afectar a su significado, se debe garantizar que dicha secuencia tenga un sentido. En general, esta secuencia puede ser determinada por el orden del código fuente. Por ejemplo, en una relación de título, imagen y descripción se podría generar una secuencia significativa como la siguiente:

```html
<div id="description-film">
    <h2>Star Trek - La película</h2>

    <p>
        <img src="StarTrek-film.png"
            alt="Descripción corta"
    </p>

    <p> Siglo XXIII. Al almirante James T. Kirk, de la nave Enterprise, se le
    encomienda neutralizar un extraño cuerpo para que no colisione con la Tierra.</
    p>
</div>
```

Sin embargo, la secuencia no sólo afecta en lo que respecta a la presentación de contenido por código. El uso de la propiedad TABINDEX debe estar establecido en un orden lógico según la dirección de lectura del usuario.

```html
<div id="lista-radios">
    <h2>Puntuación del artículo</h2>

    <label>
        <span>1</span>
        <input type="radio" name="test" value="1" tabindex="11" />
    </label>

    <label>
        <span>2</span>
        <input type="radio" name="test" value="2" tabindex="12" />
    </label>

    <label>
        <span>3</span>
        <input type="radio" name="test" value="3" tabindex="13" />
    </label>

    <label>
        <span>4</span>
        <input type="radio" name="test" value="4" tabindex="14" />
```

```
    </label>

    <label>
        <span>5</span>
        <input type="radio" name="test" value="5" tabindex="15" />
    </label>
</div>
```

En lo referente a la direccionalidad del texto, se pueden utilizar determinadas marcas para anular el algoritmo bidireccional HTML cuando produce resultados no deseados. Esta codificación puede realizarse a través de entidades HTML (como &LRM; o &RLM;) o mediante referencias de caracteres Unicode (como ‎ o ‏).

```
&#8235;<b> ▢▢▢▢▢ ▢▢▢▢▢ ▢▢▢▢▢▢▢▢ ▢▢▢▢▢▢▢▢▢ </b>&#8236;
```

También es posible hacer esto a través del atributo DIR de HTML. Esto puede ser necesario, por ejemplo, cuando se colocan caracteres neutros como espacios o signos de puntuación entre diferentes secuencias de texto direccional.

```
<p dir="rtl">▢▢▢▢▢ ▢▢▢▢▢ ▢▢▢▢▢▢▢▢ ▢▢▢▢▢▢▢▢▢</p>
```

En lo referente al aspecto visual, es posible aplicar mejoras a través de hojas de estilo o propiedades CSS mientras no se pierda la secuencia significativa del texto. Por ejemplo, se puede modificar la propiedad LETTER-SPACING para formatear el texto con un espacio concreto entre caracteres o utilizar la propiedad MARGIN para marcar el espacio entre líneas.

```
<style>
    h2 { letter-spacing: 1rem; margin: 0.6rem; }
</style>

<h2>Usabilidad Teoría y Uso</h2>
```

1.5.13 CC-1.3.3. Características sensoriales

NC	Propósito
A	Asegurar que todos los usuarios tienen las instrucciones necesarias para usar el contenido, incluso cuando no pueden percibir la forma, el tamaño, localización espacial o la orientación.

Más información en:
https://www.w3.org/WAI/WCAG21/Understanding/sensory-characteristics.html

MÉTODO PARA HACER CUMPLIR ESTA CONFORMIDAD

Asegurar que los elementos dentro de una página Web están referenciados, no sólo por su forma, tamaño, sonido o ubicación, sino también de otras formas que no dependen de esa percepción sensorial.

Para ello, se pueden añadir mensajes aclaratorios en zonas determinadas para ayudar a aquellas personas que tengan algún tipo de incapacidad sensorial como pueda ser el color.

```html
<h2>Formulario de Acceso a ejemplo.com</h2>
<form>
    <img src="./images/logo.png" alt="Logo de ejemplo.com" />

    <label>
        <span>Nombre de usuario</span>
        <input type="text"
               placeholder="Introduzca el nombre de usuario o email" />
    </label>

    <label>
        <span>Contraseña</span>
        <input type="password"
               placeholder="Introduzca su contraseña" />
        <i class="fa-info-circle" title="Mínimo 6 caracteres"></i>
    </label>

    <p>Para acceder al servicio pulse el botón etiquetado como "Enviar"</p>
    <button type="submit" value="Enviar"></button>
</form>
```

Como se puede observar, también es posible utilizar las propiedades ALT, TITLE o PLACEHOLDER para proporcionar ayudas al usuario.

1.5.14 CC-1.3.4. Orientación

NC	Propósito
AA	Garantizar que el contenido no está restringido a una única orientación de pantalla, a no ser que la orientación de la pantalla sea un requisito.

Más información en:
https://www.w3.org/WAI/WCAG21/Understanding/orientation.html

MÉTODO PARA HACER CUMPLIR ESTA CONFORMIDAD

Garantizar que el contenido se muestre correctamente independientemente de la orientación escogida por el usuario.

Por ejemplo, algunos sitios web diseñan las páginas para que sean mostradas y leídas en sentido horizontal. Esto hace que los usuarios se vean obligados a cambiar de orientación. Sin embargo, hay personas con discapacidad que tienen dispositivos con orientación fija, por lo que, en muchas ocasiones, no podrán acceder al contenido de manera cómoda y correcta.

Cuando se habla de contenido, se está haciendo referencia a cualquier tipo de contenido, sea de tipo que sea, incluyendo el contenido multimedia.

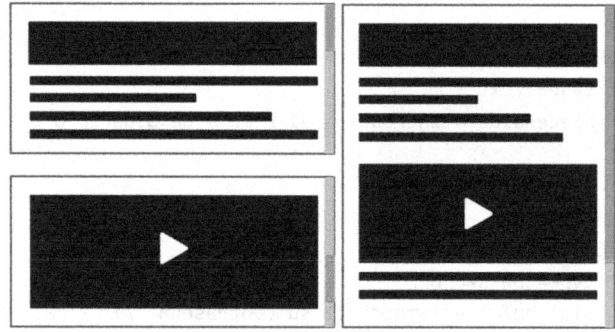

A la izquierda, una página cualquiera que se está mostrando en horizontal. A la derecha, la misma página, pero con orientación vertical. Ambas deben mostrarse correctamente con independencia de en qué orientación se muestren.

1.5.15 CC-1.3.5. Identificar el propósito de entrada

NC	Propósito
AA	Garantizar que el propósito de cada elemento de entrada de formulario que recupere información sobre el usuario pueda ser determinado por código.

Más información en:
https://www.w3.org/WAI/WCAG21/Understanding/identify-input-purpose.html

ENTENDIMIENTO

Garantizar que el propósito de todos los elementos de entrada de formulario que recuperan información sobre el usuario pueda ser determinados por código para que los agentes de usuario puedan comunicárselo a los usuarios que usan diferentes modalidades.

MÉTODO PARA HACER CUMPLIR ESTA CONFORMIDAD

En varias ocasiones será posible hacerlo mediante de la propia definición del tipo de elemento. Por ejemplo, indicando en el elemento de formulario que es de tipo contraseña, teléfono, email, etcétera, puesto que, con esta declaración, ya se está indicando una intencionalidad.

Sin embargo, no siempre es así de fácil porque, por ejemplo, definir un campo con un tipo email, no aclara si el propósito es para recuperar el dato del usuario que está utilizando el sistema o si está referido a un tercero. Por esta razón, y para aclarar un poco más el propósito de los elementos de entrada, se puede establecer un valor descriptivo a través de la propiedad AUTOCOMPLETE de HTML.

Por si alguno se lo pregunta, aunque esta propiedad toma habitualmente los valores ON y OFF para indicar si el campo debe comportarse como un autocomplete y ofrecer los resultados anteriormente insertados, también puede describir una o varias taxonomías personalizadas.

A continuación, se muestra un formulario de registro de ejemplo:

```
<form method="post" action="save.php">
    <h2>Registro de nuevo usuario para ejemplo.com</h2>

    <fieldset>
        <legend>Datos personales</legend>

        <label for="avatar">Avatar</label>
        <input name="avatar"
               id="avatar"
               type="file"
               autocomplete="photo" />

        <label for="name">Nombre</label>
        <input name="name"
               id="name"
               type="text"
               autocomplete="given-name" />

        <label for="surname">Apellidos</label>
        <input name="surname"
               id="surname"
               type="text"
               autocomplete="family-name" />

        <label for"username">Nombre de usuario</label>
        <input name="username"
               id="username"
```

```
              type="email"
              autocomplete="username" />

      <label for="password">Contraseña</label>
      <input name="password"
              id="password"
              type="password"
              autocomplete="current-password"/>

      <label for="confirm-password">Contraseña</label>
      <input name="confirm-password"
              id="confirm-password"
              type="password"
              autocomplete="new-password"/>
    </fieldset>

    <fieldset>
      <legend>Dirección de envío</legend>

      <label for="address">Dirección</label>
      <input name="address"
              id="address"
              type="text"
              autocomplete="street-address" />

      <label for="city">Ciudad</label>
      <input name="city"
              id="city"
              type="text"
              maxlength="5"
              autocomplete="address-level2" />

      <label for="postal-code">Código Postal</label>
      <input name="postal-code"
              id="postal-code"
              type="text"
              pattern="[\d]{5}"
              autocomplete="postal-code" />

    <label for="country">País</label>
      <input name="country"
              id="country"
              type="text"
              autocomplete="country-name" />

    </fieldset>
  </form>
```

Si ejecutamos el código, el resultado podría ser similar a lo siguiente:

REGISTRO DE NUEVO USUARIO PARA EJEMPLO.COM

Datos personales

Avatar | Seleccionar archivo | Ningún archivo seleccionado

Nombre

Apellidos

Nombre de usuario

Contraseña

Contraseña

Dirección de envío

Dirección

Ciudad

Código Postal

País

Cabe destacar que, todos los posibles valores que puede tomar este atributo están explicados y comentados dentro de la especificación de HTML 5.2 en la url https://www.w3.org/TR/html52/sec-forms.html#autofilling-form-controls-the-autocomplete-attribute.

1.5.16 CC-1.3.6. Identificar propósito

NC	Propósito
AAA	Garantizar que el propósito de los elementos que componen y estructuran la página puedan ser determinados a través de código.

Más información en:
https://www.w3.org/WAI/WCAG21/Understanding/identify-purpose.html

ENTENDIMIENTO

Garantizar que el propósito de los elementos que componen y estructuran la página puedan ser determinados a través de código para que los agentes de usuario puedan comunicárselo a los usuarios que usan diferentes modalidades.

MÉTODO PARA HACER CUMPLIR ESTA CONFORMIDAD

Se deben asignar a los botones, enlaces, elementos de formulario, iconos y regiones los atributos necesarios de manera que se proporcione una información suficiente sobre lo que representa el elemento.

Estos atributos pueden ser establecidos a través de puntos de referencia ARIA para identificar las diferentes regiones de la página. Los valores asignables para estos puntos de referencia pueden establecerse mediante el atributo ARIA-ROLE.

- **BANNER:** Indica que la región o sección contiene el título principal o el título interno de la página.

- **COMPLEMENTARY:** Indica que es una sección que tiene contenido principal, pero es independiente y significativa por sí sola.

- **CONTENTINFO:** Indica que la sección contiene información relevante sobre el documento principal, como derechos de autor o enlaces a declaraciones de privacidad.

- **FORM:** Indica que la sección representa una colección de elementos de formulario, sean editables o no.

- **MAIN:** Indica la sección de contenido principal en un documento. Aunque puede darse el caso de que no, por norma general, una página tendrá una única región establecida a este valor.

- **NAVIGATION:** Indica que la sección contiene una colección de enlaces o acciones pensados para navegar por el sitio web.

- **SEARCH:** Indica que la sección o elemento tiene la función de buscador para el sitio web.

- **APPLICATION:** Indica que la región es una aplicación web, en vez de un documento web.

```
<div id="header" role="banner">
    <h1>Curso de Accesibilidad Web</h1>
</div>

<nav role="navigation">
    <a href="./home.html">Inicio</a>
    <a href="./actions.html">Acciones</a>
    <a href="./aboutus.html">Sobre Nosotros</a>
</nav>

<form method="post" action="search.php">
    <div>
        <label>Nombre de usuario</label>
```

```
            <input name="search" type="search" />
        </div>
    </form>

    </div>

    <aside id="rightbar" role="complementary">...</aside>

    <footer id="footer" role="contentinfo">
        islaVisual.com © 2019 - Todos los derechos reservados ...
    </div>
```

Si resultase necesario concretar más el propósito de los elementos o regiones se puede realizar a través de los atributos ARIA-LABELLEDBY o ARIA-LABEL.

```
<nav role="navigation" aria-label="secondary">
    <ul>
        <li><a href="#">Acción 1</a></li>
        <li><a href="#">Acción 2</a></li>
        <li><a href="#">Acción 3</a></li>
    </ul>
</nav>
```

1.5.17 CC-1.4.1. Uso del color

NC	Propósito
A	Asegurar que todos los usuarios puedan acceder a la información que se transmite independientemente del color.

Más información en:
https://www.w3.org/WAI/WCAG21/Understanding/use-of-color.html

ENTENDIMIENTO

Asegurar que el color no sea el único medio que marque la diferencia para distinguir una acción, respuesta o elemento.

MÉTODO PARA HACER CUMPLIR ESTA CONFORMIDAD

En lo referente a formularios, los campos requeridos, además de marcarlos en un color, pueden incorporar un texto explicativo como "Campo obligatorio" al lado o debajo. Cierto es que también es posible marcarlos con un asterisco, ya que todos los usuarios suelen entender esta simbología, no obstante, es recomendable establecer una explicación de cómo se ha decidido diferenciar los campos obligatorios en una zona bien visible como pueda ser la parte superior del formulario.

Formulario de registro a ejemplo.com

Los campos obligatorios están marcados con rojo y con un asterisco

Nombre	
Apellidos	
Email	*
Contraseña	*
Confirmar contraseña:	*

CREAR CUENTA Y ACCEDER

Si lo que se desea es distinguir mensajes de error, se puede asignar un icono identificativo, un texto complementario, u otra marca visual diferenciable.

Formulario de registro a ejemplo.com

Los campos obligatorios están marcados con rojo y con un asterisco

Nombre	
Apellidos	
Email	email@gmail.com *
Contraseña	••••••• *

La contraseña debe tener una longitud mínima de 8 caracteres y con al menos, un dígito y un carácter especial.

Si lo que se desea es distinguir las acciones, se puede asociar un color concreto a cada una de ellas. Por ejemplo, que el botón de enviar siempre sea blanco sobre azul y que el botón de cancelar siempre sea negro sobre blanco. Además, y a modo de dato adicional, suele ser una buena práctica establecer una alineación distinta según el tipo de acción.

Confirmar
contraseña: [   ] *

[**CANCELAR**]   [**CREAR CUENTA Y ACCEDER**]

No obstante, cabe aclarar que tanto las acciones como sus descripciones deberían ser explicativas por sí mismas. Es decir, una acción que muestra "Haga clic en el botón azul" no es válida para pasar este requerimiento. El mensaje, en este caso, debería ser "Haga clic en el botón de Crear cuenta y acceder".

Por último, si hablamos de vínculos o enlaces, deben poder distinguirse del resto de elementos que los rodean, incluyendo el texto. Si recordamos, el color de los enlaces de hipertexto en un documento base son azul medio claro (#3366CC), mientras que, el texto normal, es negro (#000000). Esta configuración, además de cumplir con otros Criterios de Conformidad, también resulta lo suficientemente contrastada como para que sea distinguible por personas con todo tipo de daltonismo, incluidas aquellas personas que no pueden ver el color en absoluto.

1.5.18 CC-1.4.2. Control del audio

NC	Propósito
A	Si el audio de una página web se reproduce durante un tiempo superior a 3 segundos, se debe proporcionar un mecanismo para que, los usuarios, puedan pausar o detener el audio y, en su defecto, proporcionar una forma de controlar el volumen del audio de manera independiente al volumen general del dispositivo o sistema.

Más información en:
https://www.w3.org/WAI/WCAG21/Understanding/audio-control.html

ENTENDIMIENTO

Las personas que utilizan lectores de pantalla pueden tener dificultades para escuchar al asistente si otros sonidos se están reproduciendo al mismo tiempo. Por ello, si hay audios que se reproduzcan durante más de 3 segundos, los usuarios deben ser capaces de pausar o detener el audio. Si esta característica, por lo que fuese, no fuera posible, deben poder controlar el volumen del audio de manera independiente a cómo lo gestiona el dispositivo o el sistema.

MÉTODO PARA HACER CUMPLIR ESTA CONFORMIDAD

Permitir que un usuario apague los sonidos que se inician automáticamente cuando una página se carga. El control para desactivar los sonidos debe estar ubicado cerca de la cabecera de la página para permitir que el control sea fácil de localizar para los usuarios.

Esto es útil tanto para aquellas personas que usan tecnologías de ayuda (como son los lectores de pantalla, magnificadores de pantalla, mecanismos de conmutación, etcétera) como para aquellas personas que presentan alguna discapacidad cognitiva, de aprendizaje o de lenguaje.

Cabe destacar, además, que para hacer cumplir este requerimiento, se debe incluir un control que haga posible que los usuarios desactiven cualquier sonido que se reproduzca automáticamente. Dicho control, debe ser operable desde el teclado, pudiendo recuperar el foco a través de la tecla de tabulación en el orden de lectura, y estar claramente etiquetado para que, el usuario, entienda que se apagarán todos los sonidos que estén siendo reproducidos en ese momento.

1.5.19 CC-1.4.3. Contraste (mínimo)

NC	Propósito
AA	Proporcionar un contraste suficiente entre el texto y el fondo de manera que pueda ser leído por personas con visión moderadamente baja que no utilizan la tecnología de asistencia para mejorar el contraste.

Más información en:
https://www.w3.org/WAI/WCAG21/Understanding/contrast-minimum.html

ENTENDIMIENTO

Las personas que presentan problemas para distinguir el color, la saturación o la tonalidad pueden perder un poco la percepción del contraste. Por lo tanto, en la recomendación, el contraste se calcula de tal manera que el color y su saturación no sean un impedimento para aquellas personas que tienen un déficit de visión y puedan percibir un contraste adecuado entre el texto y el fondo.

MÉTODO PARA HACER CUMPLIR ESTA CONFORMIDAD

Asegurarse de que los usuarios pueden leer el texto que se presenta sobre un fondo, a menos que sea un decorativo o que no transmita información. El contraste mínimo deberá ser 4.5:1, tanto si el texto es mayor o igual a 18 puntos y no está en negrita, como si el texto es menor de 14 puntos y está en negrita.

Para comprobar si los colores cumplen con el requerimiento, se puede calcular el contraste a través de alguna web online o, hacerlo a partir de la siguiente fórmula.

```
L = 0.2126 * R' + 0.7152 * G' + 0.0722 * B';

// Donde Rg, Gg y Bg se definen como:
Si R <= 10, entonces R' = R / 3294, si no R' = (R / 269 + 0.0513) ^ 2.4
```

```
si G <= 10 entonces G' = G / 3294, si no G' = (G / 269 + 0.0513) ^ 2.4
si B <= 10 entonces B' = B / 3294, si no B' = (B / 269 + 0.0513) ^ 2.4
```

Cuando se tenga la luminancia para el texto y el fondo, la relación de contraste se calcula usando la fórmula:

```
(L1 + 0.05) / (L2 + 0.05)
```

1.5.20 CC-1.4.4. Cambiar el tamaño del texto

NC	Propósito
AA	Proporcionar un método de escalado para el texto sin que sea necesario utilizar una tecnología de asistencia.

Más información en:
https://www.w3.org/WAI/WCAG21/Understanding/resize-text.html

ENTENDIMIENTO

Garantizar que el texto, botones, elementos de formulario, enlaces y todos los demás controles basados en texto mostrados en pantalla, puedan escalarse de forma que las personas que presentan una cierta discapacidad visual puedan percibirlos sin requerir el uso de ninguna tecnología de asistencia externa como pueda ser una lupa o magnificador de pantalla.

Normalmente esta necesidad se cubre utilizando medidas relativas para las fuentes de texto como son el porcentaje o las unidades de medida relativas a la letra "M".

MÉTODO PARA HACER CUMPLIR ESTA CONFORMIDAD

Una de las formas para hacer cumplir este requerimiento es asegurar que el contenido pueda ser escalado uniformemente mediante el uso de una tecnología Web soportada por el agente de usuario como, por ejemplo, la herramienta de zoom del navegador Chrome.

Zoom   −   100 %   +   [ ]

Sin embargo, si se decide que esta funcionalidad dependa directamente del agente de usuario, el requisito será comprobarlo en todos los casos y versiones. Por poner un ejemplo, aunque todos los navegadores de hoy en día disponen de una herramienta de escalado accesible a través de los métodos abreviados CTRL + y CTRL -, no todas las versiones de Internet Explorer proporcionan esta funcionalidad

Si el agente de usuario no dispone de esta funcionalidad o, simplemente, se desea implementar de manera externa, se puede definir una lógica de conmutación de hojas de estilo. Básicamente, la forma de hacer esto es definir una hoja de estilos que es manipulada por una función externa (normalmente realizada en JavaScript), la cual, modifica las propiedades FONT-SIZE incluidas en dicha hoja de estilos.

Bajo este supuesto, lo que se suele hacer es especificar un tamaño de fuente en valor absoluto para el elemento del BODY que todos sus hijos heredarán y podrán modificar en términos relativos.

Supongamos una hoja de estilos como la siguiente:

```
body     { font-size: 14px; }
h1       { font-size: 1.8em; }
h2       { font-size: 1.5em; }
p, li    { font-size: 1.0rem; }
a, input{ font-size: 1.2em; }
button   { font-size: 200%; }
```

Como se puede apreciar en el código anterior, el elemento BODY es el único que contiene una declaración definida en unidades absolutas (píxeles) mientras que, los demás elementos, están definidos en unidades relativas (em, rem y porcentaje).

Ahora, supongamos que se implementa la siguiente botonera:

```
<nav role="complementary">
    <button type="button"
            id="fontSizeIncrease"
            title="Aumentar tamaño de letra">
        A<sup>+</sup>
    </button>

    <button type="button"
            id="fontSizeDecrease"
            title="Disminuir tamaño de letra">
        A<sup>-</sup>
    </button>
</nav>
```

Para hacer que el tamaño del texto sea escalado, podríamos hacer lo siguiente:

```
/* Recuperamos las reglas de la hoja de estilos */
var rules = document.styleSheets[0].cssRules;

document.getElementById("fontSizeIncrease").onclick = function(){

    /* Las recorremos en búsqueda de la propiedad fontSize */
    for(var x = 0; x < rules.length; x++){
        var rule = rules[x];

        /* Si la regla seleccionada tiene no está vacía y contiene */
        /* una definición de font-size  */
        if(rule.style && rule.style.cssText.indexOf("font-size") != -1){
            /* Recorremos todas las propiedades hasta encontrarla */
            for(var i = 0; i < rule.style.length; i++){
                var prop = rule.style[i]
                if(prop.toLowerCase() == "font-size"){
                    /* Una vez que tenemos la celda con el valor de */
                    /* propiedad, incrementamos su valor */
                    var value  = parseFloat(rule.style[prop]);
                    var unit   = rule.style[prop].replace(/[0-9\.]/ig, '');
                    var offset = unit == ("px" || "%") ? 1 : 0.1;
                    rule.style[prop] = (value + offset) + unit
                }
            }
        }
    }
}

document.getElementById("fontSizeDecrease").onclick = function(){

    /* Las recorremos en búsqueda de la propiedad fontSize */
    for(var x = 0; x < rules.length; x++){
        var rule = rules[x];

        /* Si la regla seleccionada tiene no está vacía y contiene */
        /* una definición de font-size  */
        if(rule.style && rule.style.cssText.indexOf("font-size") != -1){
            /* Recorremos todas las propiedades hasta encontrarla */
            for(var i = 0; i < rule.style.length; i++){
                var prop = rule.style[i]
                if(prop.toLowerCase() == "font-size"){
                    /* Una vez que tenemos la celda con el valor de */
                    /* propiedad, decrementamos su valor */
                    var value  = parseFloat(rule.style[prop]);
                    var unit   = rule.style[prop].replace(/[0-9\.]/ig, '');
```

```
                    var offset = unit == ("px" || "%") ? 1 : 0.1;
                    rule.style[prop] = (value - offset) + unit
                }
            }
        }
    }
}
```

Como se puede ver en el código anterior, se declara un evento para cada botón de la botonera. Cuando se pulsa uno de ellos, se procede a modificar, en un sentido u otro, todas y cada una de las propiedades de la hoja de estilos que hayan definido la propiedad FONT-SIZE.

1.5.21 CC-1.4.5. Imágenes de texto

NC	Propósito
AA	Animar a los desarrolladores a que utilicen fuentes de iconos vectoriales u otras tecnologías, que igualmente pueden producir una buena presentación visual, para conseguir que los usuarios puedan ajustarlo a sus necesidades.

Más información en:
https://www.w3.org/WAI/WCAG21/Understanding/images-of-text.html

ENTENDIMIENTO

Alentar a estilizar la presentación visual del texto, separar lo que es estructura de lo que es información y evitar el uso innecesario de imágenes que sobrecargan la página o aplicación. La razón para seguir estos principios es porque beneficia a los usuarios con baja visión, a los usuarios que presentan problemas de seguimiento visual e, incluso, porque, ignorarlas, puede perjudicar a aquellas personas que presentan una discapacidad cognitiva que afecta a la lectura.

Por ejemplo, se debe evitar el uso de imágenes para presentar encabezados en lugar de realizarlo a través de CSS o presentar un menú de navegación con un Sprite de imágenes en lugar de utilizar una fuente vectorial.

MÉTODO PARA HACER CUMPLIR ESTA CONFORMIDAD

Uno de los métodos que se puede para pasar este requerimiento es utilizar las propiedades de CSS. Con CSS se puede estilizar y formatear la presentación visual del texto a través varias propiedades. Ejemplo de ello son:

- ▼ **font-family**: Configura el tipo de fuente a utilizar.

- ▼ **text-align**: Ajusta la alineación del texto a la derecha, a la izquierda, centrada o justificada.

▼ **font-size**: Ajusta el tamaño del texto.

▼ **font-style**: Establece un estilo al texto que puede ser normal o cursiva.

▼ **font-weight**: Ajusta el grosor del marcado del texto. Sus valores pueden ir desde muy fino (un valor numérico de 100) hasta muy grueso (un valor numérico de 900).

▼ **font-variant**: Ajusta la variación o formato del texto. Por ejemplo, se suele utilizar para presentar el texto en formato versalitas o todo en mayúsculas.

▼ **color**: Ajustar el color del texto.

▼ **line-height**: Ajusta la altura entre líneas de caracteres.

▼ **text-transform**: Ajusta el formato de la letra y sus valores más frecuentes son minúsculas, mayúsculas y capitalizado.

▼ **letter-spacing**: Ajustar el espaciado entre letras del texto.

▼ **background-image**: Aunque tiene otra función, puede utilizarse para mostrar texto en un fondo uniforme y sin texto.

▼ **:first-line**: Ajusta el estilo de la primera línea de un bloque de texto.

▼ **:first-letter**: Ajusta el estilo de la primera letra de un bloque de texto.

▼ **:before y :after**: Permiten insertar contenido decorativo no textual antes o después de los bloques de texto.

Por ejemplo, si se desea que la estructura CODE tenga un tipo de fuente Arial en vez de la que viene por defecto, se puede hacer lo siguiente:

```
<style>
    code { font-family: "Arial", sans-serif; }
</style>

<p>
    La función para mostrar datos por la consola del navegador es:
    <code>console.log()</code>
</p>
```

Si se desea alinear un texto centrado con un tamaño de 1.5rem y en color rojo se puede hacer lo siguiente:

```
<style>
    p { color: red; font-size: 1.5rem; text-align: center; }
</style>
```

```
<p>El nombre de usuario es incorrecto.</p>
```

Sin embargo, para hacer cumplir este requerimiento también se debe separar lo que es estructura de lo que es puramente información. Para ello, se puede comenzar por crear una página HTML que utilice elementos semánticos para marcar la estructura de la página y, una vez hecho esto, diseñar dos hojas de estilo CSS.

Una de estas hojas de estilo se configura para presentar el texto sin fuentes vectoriales ni contenidos gráficos de ningún tipo. La otra, se configura normalmente con todas las funcionalidades que desee el auto, es decir, con las fuentes vectoriales, las imágenes decorativas, etcétera.

Finalmente, a través del uso de secuencias de comandos, el desarrollador crea o diseña un control que permite al usuario cambiar entre las vistas disponibles.

Supongamos una cabecera de una empresa con su slogan.

```html
<div class="header">
    <h1><span>SchemeCompare.com</span></h1>
    <h2><span>El mejor comparador de esquemas de MySQL</span></h2>

    <div class="styleSelector">
        <label for="appliedStyle">Estilo a mostrar</label>
        <select id="appliedStyle">
            <option value="SN">Normal</option>
            <option value="ST">Sólo texto</option>
        </select>
    </div>
</div>
```

En vez de definir dos hojas de estilo, lo que hacemos es cargar una única hoja con todo el CSS y, el cual, podría ser:

```css
@import url('https://fonts.googleapis.com/css?family=Poiret+One&display= swap');

body{
    font-family: Arial, sans-serif;
    padding: 0;
    margin: 0;
    background: #ffffff;
    line-height: 1;
    box-sizing: border-box;
}
```

```css
.styleSelector label, .styleSelector select {
    position: absolute;
    top: 5px;
    right: 5px;
    width: auto;
    height: 32px;
    padding: 0 10px;
    float: right;
    border-radius: 0;
    font-size: 14px;
}

.styleSelector label {
    right: 110px;
    top: 14px;
}

.header h1 {
    background-image: url(./images/logo_black.png);
    background-size: 300px 53px;
    height: 53px;
    width: 100%;
    background-repeat: no-repeat;
    margin-top: 0;
    text-indent: -999px;
    position: relative;
    left: 8px;
}

.header h2 {
    background: url(./images/slogan.png) repeat 0 0 / 100%;
    margin: 0;
    padding: 56px 0 0 10px;
    border-bottom: 1px solid #ccc;
    text-indent: -999px;
    width: 100%;
    height: 40px;
    position: absolute;
    top: 0;
    left: 0;
    z-index: -1;
}

.onlyText .header h1 {
```

```
        color: #000;
        font-family: Arial, sans-serif;
        font-size: 28px;
        font-weight: bold;
        text-indent: 0;
        top: 10px;
        left: 10px;
        background-image: none;
    }

    .onlyText .header h2 {
        color: #888;
        font-family: Arial, sans-serif;
        font-size: 24px;
        font-weight: normal;
        padding-top: 56px;
        text-indent: 0;
    }
```

Y el JavaScript que incluiría la funcionalidad para activar una u otra hoja de estilos podría ser:

```
document.getElementById("appliedStyle").onchange = function(e){
    /* En función del valor del desplegable establecemos uno u otro modo */
    if(e.target.value == "SN"){
        document.body.classList.remove("onlyText");

    } else {
        document.body.classList.add("onlyText");
    }
}
```

Sólo a modo de aclaración, en una hoja de estilos CSS se han definido todas las reglas necesarias para crear ambas funcionalidades, la visualización con todas las personalizaciones y la que es únicamente texto. Además, para que el usuario pueda cambiar de una a otra vista, se le ha provisto de un desplegable con las dos opciones posibles.

Ahora, para que el usuario vea el efecto de aplicar una u otra vista, a este desplegable, se le ha añadido el manejo de un evento JavaScript que añade o elimina una clase al elemento BODY. Si el elemento BODY no contiene la clase "onlyText", el estilo de vista que se mostrará será la que contenga todas las personalizaciones, en caso contrario, la vista que se mostrará será la que contenga únicamente texto.

El resultado de ejecutar el código anterior podría ser algo similar a:

1.5.22 CC-1.4.6. Contraste (mejorado)

NC	Propósito
AAA	Proporcionar suficiente contraste entre el texto y el fondo para que pueda ser leído por personas con visión moderadamente baja que no utilizan la tecnología de asistencia de mejora del contraste.

Más información en:
https://www.w3.org/WAI/WCAG21/Understanding/contrast-enhanced.html

ENTENDIMIENTO

Las personas que presentan problemas para distinguir el color, la saturación o la tonalidad pueden perder un poco la percepción del contraste. Por lo tanto, en la recomendación, el contraste se calcula de tal manera que el color y su saturación no sean un impedimento para aquellas personas que tienen un déficit de visión y puedan percibir un contraste adecuado entre el texto y el fondo.

MÉTODO PARA HACER CUMPLIR ESTA CONFORMIDAD

Asegurarse de que los usuarios pueden leer el texto que se presenta sobre un fondo, a menos que sea un decorativo o que no transmita información. El contraste mínimo, para este Criterio de Conformidad deberá ser 7:1, tanto si el texto es mayor o igual a 18 puntos y no está en negrita, como si el texto es menor de 14 puntos y está en negrita.

Para comprobar si los colores cumplen con el requerimiento, se puede calcular el contraste a través de la siguiente fórmula.

```
L = 0.2126 * R' + 0.7152 * G' + 0.0722 * B';

// Donde Rg, Gg y Bg se definen como:
Si R <= 10, entonces R' = R / 3294, si no R' = (R / 269 + 0.0513) ^ 2.4
si G <= 10 entonces G' = G / 3294, si no G' = (G / 269 + 0.0513) ^ 2.4
si B <= 10 entonces B' = B / 3294, si no B' = (B / 269 + 0.0513) ^ 2.4
```

Cuando se tenga la luminancia para el texto y el fondo, la relación de contraste se calcula usando la fórmula:

```
(L1 + 0.05) / (L2 + 0.05)
```

No obstante, al igual que sucede con el Criterio de Conformidad 1.4.3 Contraste mínimo, también es posible utilizar alguna herramienta online como la disponible en Snook.ca "Colour Contrast Check".

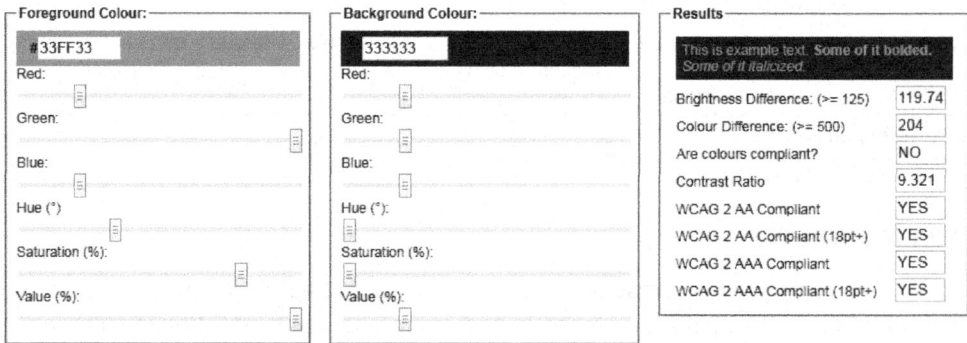

Otro método consiste en proporcionar un halo alrededor del texto que proporcione la relación de contraste necesaria si la imagen de fondo o el color no fuesen lo suficientemente diferentes en luminancia relativa.

Otro método es incorporar opciones de color de alto contraste en las interfaces de usuario, que permitan cambiar los estilos de los elementos de la página Web. Habitualmente se suele añadir un botón en la parte superior derecha de la pantalla indicándolo con el símbolo universal de alto contraste o descrito en modo textual.

1.5.23 CC-1.4.7. Audio de fondo bajo o nulo

NC	Propósito
AAA	Garantizar que el sonido de la voz que está en primer plano esté lo suficientemente diferenciada como para que un usuario con problemas de audición graves pueda ser capaz de separarla del sonido de fondo.

Más información en:
https://www.w3.org/WAI/WCAG21/Understanding/low-or-no-background-audio.html

MÉTODO PARA HACER CUMPLIR ESTA CONFORMIDAD

Permitir a los desarrolladores que incluyan efectos de sonido o música de fondo, pero sin que pueda perjudicar a las personas con problemas auditivos entender el habla.

Una forma de asegurar que el discurso en primer plano es entendible para los usuarios es comprobar que tenga una relación señal ruido de, al menos, 20 decibelios con respecto al sonido de fondo, o lo que es prácticamente lo mismo, la voz debe estar alrededor de 4 veces más fuerte que el sonido de fondo.

Para quién no lo sepa, un decibelio (con símbolo dB), es una unidad de medida que establece una relación entre dos valores de presión sonora, de tensión o de potencia eléctrica. Aunque, en realidad, la unidad de medida es el Bel, lo normal es verla en forma de múltiplo de diez, principalmente, por la amplitud de los campos que se miden en la práctica.

Dicho esto, si lo que se está midiendo es la potencia, como es nuestro caso, la fórmula se corresponde con:

$$dB = 10 \log_{10} \frac{P1}{P2}$$

No obstante, para que nos hagamos una idea un poco más real de lo que es un decibelio, veamos unos ejemplos. Cuando se habla en términos de sonido, existe un concepto que se denomina "umbral de audición". Lo que representa este concepto es la cantidad mínima o el número mínimo de vibraciones por segundo que requiere el sonido para que sea perceptible por el oído humano. Por intentar ser más exactos, el "umbral de audición" es un término al que se le asigna un valor de aproximadamente 1 KHz.

Si bien, una cantidad baja de decibelios puede producir una sensación de tranquilidad y ser beneficiosa para la mente, los sonidos que están por encima de 70 dB pueden producir efectos psíquicos negativos en tareas que requieren concentración o atención, lesiones o daños permanentes.

A continuación, se muestra una tabla con algunos valores identificativos:

Valor	Equivale a
> 200 dB	Una explosión nuclear
> 120 dB	El despegue de un avión
Umbral del dolor	
110 dB	Un concierto de música rock
100 dB	Perforadora eléctrica o un helicóptero
Umbral tóxico	
90 dB	Tráfico intenso o un secador de pelo
80 dB	Una motocicleta o un camión
Umbral ruidoso	
60..70 dB	Una conversación a gritos o Tráfico normal
40..50 dB	Una conversación normal o una calle tranquila
10 dB	Una respiración normal o una brisa suave
Umbral de audición (0 dB)	

▸ Si el sonido se encuentra entre los 80 y 90 dB, empieza a ser dañino porque ese nivel de ruido puede producir estrés, cansancio e, incluso, alteraciones del sueño.

▸ Si el sonido se encuentra entre 100 y 110 dB, lo suelen denominar "umbral tóxico", entre otras razones, porque puede originar lesiones en el oído medio.

▸ Si el sonido supera los 120 dB, ya entramos en lo que denominan el "umbral del dolor" y empieza a ser doloroso, hasta el punto, de que puede generar la muerte.

Después de toda esta disertación, lo que nos queda por saber es cómo hacer para que nuestras grabaciones cumplan con ese mínimo requerido de 20 dB entre el fondo y la voz.

Como norma general, en todos los programas de edición de audio, hay una barra donde se puede controlar el nivel de decibelios. Por ejemplo, en Audacity, en la barra superior, se puede encontrar el Nivel de reproducción, el cual está configurado por defecto a dB. Si la música se reproduce a un valor medio de -30 dB, eso significa que la voz deberá estar a un valor de -10 dB como mínimo.

Si el audio ya está grabado, existen otros métodos para conseguir que la voz esté dentro de la recomendación. Si la grabación tiene separadas las pistas de voz y fondo, lo que se puede hacer bajar el volumen del canal correspondiente.

Evidentemente, la casuística anterior sólo se dará en ocasiones contadas, pero si no es así, tampoco hay que preocuparse demasiado porque existen algunas técnicas que nos pueden ayudar a obtener el resultado deseado.

A veces el ruido de fondo tomará unas frecuencias muy bajas o muy altas. Si esto es así, lo que se puede hacer es aplicar un filtro de paso bajo o de paso alto, según el caso.

Ruido de Fondo

En ocasiones, lo que se podrá hacer es invertir la amplitud del sonido que se desea eliminar y remezclarlo.

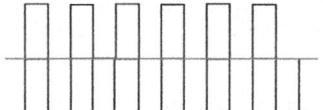 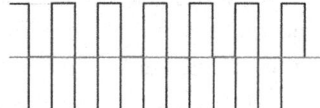

Si nos fijamos en la ilustración anterior, al sumar las amplitudes de ambos gráficos de onda, se eliminan y se produce una línea recta como resultado.

Y en otras ocasiones, lo único que se podrá hacer es realizar una ecualización por frecuencias de forma que, las frecuencias en las que entra el rango de la voz, sean reforzadas o clarificadas, sin embargo, esto provocará pérdidas en la calidad del audio a nivel general.

> (i) **NOTA**
>
> Si se desea realizar alguna de estas opciones en Audacity, todas ellas están dentro de la sección de "Efecto".

1.5.24 CC-1.4.8. Presentación Visual

NC	Propósito
AAA	Garantizar que la renderización visual de texto se presente de una manera tal que pueda ser percibido sin que el formato pueda interferir con su legibilidad.

Más información en:
https://www.w3.org/WAI/WCAG21/Understanding/visual-presentation.html

ENTENDIMIENTO

Tanto las personas que presentan una baja visión como las que presentan una discapacidad cognitiva del lenguaje o aprendizaje pueden percibir de forma incorrecta el texto o el lugar de lectura si no tiene un formato fácil de leer. Pensemos que, cosas como el color o la longitud de los párrafos, pueden ser un impedimento para todas ellas.

MÉTODO PARA HACER CUMPLIR ESTA CONFORMIDAD

Especificar un diseño usando CSS dejando que el texto y los colores de fondo sean renderizados por el navegador del usuario y/o la configuración del sistema operativo. Es decir, dar la opción al usuario de poder navegar por el sitio web con una hoja de estilos en donde no haya definiciones de color de texto ni de fondo. Esto les permitirá ver el texto en los colores que necesitan mientras se mantiene el aspecto del diseño original. Además, evitará problemas de visualización en algunos navegadores cuando las páginas contienen cuadros emergentes que utilizan JavaScript o menús desplegables.

En lo referente al formato del texto presentado, si la versión no accesible tiene unas personalizaciones muy específicas, en la definición de esta nueva hoja de estilos deberán seguirse unos mínimos para que los usuarios con discapacidad o baja visión no se vean afectados.

Por ejemplo, la de longitud de las líneas no deberá sobrepasar los 80 caracteres de ancho en ninguna circunstancia. De esta forma, su interacción con el contenido de la página se volverá mucho más eficiente.

```
<style>
    .main-content { max-width: 90%; }
</style>

<div class="main-content">
  <p>La Usabilidad no es lo mismo que la Experiencia de Usuario, no ...</p>
</div>
```

La alineación podrá ser hacia la derecha o hacia la izquierda.

```
<style>
    .toLeftSide  { text-align: left; }
    .toRightSide { text-align: right; }
</style>

<aside role="navigation">
  <h2 class="toLeftSide">Usabilidad</h2>
</aside>

<aside role="navigation">
  <h2 class="toRightSide">Últimas noticias</h2>
</aside>
```

Los tamaños de fuente podrán utilizarse con nombre, por porcentaje o a través de unidades basadas en el tamaño de la "M".

```
<style>
    .fa   { font-size: 120%; }
    input { font-size: 1.5rem; }
    label { font-size: larger; }
</style>
```

```
<label>
    <span>Nombre</span>
    <input id="name" name="name" />
    <i class="fa fa-info"></i>
</label>
```

El interlineado beberá ser de, al menos, la mitad de la altura del texto y el espacio entre párrafos de, mínimo, 1.5 veces la medida del interlineado.

```
<style>
    p    { line-height: 150%; margin-bottom: 2em; }
</style>

<div class="main-content">
   <p>La Usabilidad no es lo mismo que la Experiencia de Usuario, no ...</p>
</div>
```

1.5.25 CC-1.4.9. Imágenes de texto (sin excepción)

NC	Propósito
AAA	Permitir a las personas que requieren que el texto tenga un tamaño, color, tipo de fuente, interlineado o alineación determinados.

Más información en:
https://www.w3.org/WAI/WCAG21/Understanding/images-of-text-no-exception.html

ENTENDIMIENTO

En general la información a trasmitir no va ligada a la imagen visual. Sólo algunas ocasiones sucede que la forma de presentar una información es esencial para trasmitir lo que se desea porque, de no presentarse así, la información podría perderse.

Si la información que se va a trasmitir no requiere una adaptación gráfica para su compresión, se debe facilitar una forma para que los usuarios con una discapacidad cognitiva que afecta a la lectura, con baja visión o con problemas de seguimiento puedan interactuar con el contenido.

Es Criterio de Conformidad es mucho más restrictivo que el 1.4.5, ya que únicamente permite imágenes para uso decorativo o que no puedan presentarse de otra forma, como es un logotipo.

MÉTODO PARA HACER CUMPLIR ESTA CONFORMIDAD

Uno de los métodos que se puede para pasar este requerimiento es utilizar las propiedades de CSS. Con CSS se puede estilizar y formatear la presentación visual del texto a través varias propiedades. Ejemplo de ello son:

- **font-family**: Configura el tipo de fuente a utilizar.

- **text-align**: Ajusta la alineación del texto a la derecha, a la izquierda, centrada o justificada.

- **font-size**: Ajusta el tamaño del texto.

- **font-style**: Establece un estilo al texto que puede ser normal o cursiva.

- **font-weight**: Ajusta el grosor del marcado del texto. Sus valores pueden ir desde muy fino (un valor numérico de 100) hasta muy grueso (un valor numérico de 900).

- **font-variant**: Ajusta la variación o formato del texto. Por ejemplo, se suele utilizar para presentar el texto en formato versalitas o todo en mayúsculas.

- **color**: Ajustar el color del texto.

- **line-height**: Ajusta la altura entre líneas de caracteres.

- **text-transform**: Ajusta el formato de la letra y sus valores más frecuentes son minúsculas, mayúsculas y capitalizado.

- **letter-spacing**: Ajustar el espaciado entre letras del texto.

- **background-image**: Aunque tiene otra función, puede utilizarse para mostrar texto en un fondo uniforme y sin texto.

- **:first-line**: Ajusta el estilo de la primera línea de un bloque de texto.

- **:first-letter**: Ajusta el estilo de la primera letra de un bloque de texto.

- **:before y :after**: Permiten insertar contenido decorativo no textual antes o después de los bloques de texto.

Por ejemplo, si se desea que la estructura CODE tenga un tipo de fuente Arial en vez de la que viene por defecto, se puede hacer lo siguiente:

```html
<style>
    code { font-family: "Arial", sans-serif; }
</style>


<p>
    La función para mostrar datos por la consola del navegador es:
    <code>console.log()</code>
</p>
```

Si se desea alinear un texto centrado con un tamaño de 1.5rem y en color rojo se puede hacer lo siguiente:

```
<style>
    p { color: red; font-size: 1.5rem; text-align: center; }
</style>

<p>El nombre de usuario es incorrecto.</p>
```

Sin embargo, para hacer cumplir este requerimiento también se debe separar lo que es estructura de lo que es puramente información. Para ello, se puede comenzar por crear una página HTML que utilice elementos semánticos para marcar la estructura de la página y, una vez hecho esto, diseñar dos hojas de estilo CSS.

Una de estas hojas de estilo se configura para presentar el texto sin fuentes vectoriales ni contenidos gráficos de ningún tipo. La otra, se configura normalmente con todas las funcionalidades que desee el auto, es decir, con las fuentes vectoriales, las imágenes decorativas, etcétera.

Finalmente, a través del uso de secuencias de comandos, el desarrollador crea o diseña un control que permite al usuario cambiar entre las vistas disponibles.

Supongamos una cabecera de una empresa con su slogan.

```
<div class="header">
    <h1><span>SchemeCompare.com</span></h1>
    <h2><span>El mejor comparador de esquemas de MySQL</span></h2>

    <div class="styleSelector">
        <label for="appliedStyle">Estilo a mostrar</label>
        <select id="appliedStyle">
            <option value="SN">Normal</option>
            <option value="ST">Sólo texto</option>
        </select>
    </div>
</div>
```

En vez de definir dos hojas de estilo, lo que hacemos es cargar una única hoja con todo el CSS y, el cual, podría ser:

```
@import url('https://fonts.googleapis.com/css?family=Poiret+One&display= swap');

body{
    font-family: Arial, sans-serif;
```

```css
        padding: 0;
        margin: 0;
        background: #ffffff;
        line-height: 1;
        box-sizing: border-box;
}

.styleSelector label, .styleSelector select {
    position: absolute;
    top: 5px;
    right: 5px;
    width: auto;
    height: 32px;
    padding: 0 10px;
    float: right;
    border-radius: 0;
    font-size: 14px;
}

.styleSelector label {
    right: 110px;
    top: 14px;
}

.header h1 {
    background-image: url(./images/logo_black.png);
    background-size: 300px 53px;
    height: 53px;
    width: 100%;
    background-repeat: no-repeat;
    margin-top: 0;
    text-indent: -999px;
    position: relative;
    left: 8px;
}

.header h2 {
    background: url(./images/slogan.png) repeat 0 0 / 100%;
    margin: 0;
    padding: 56px 0 0 10px;
    border-bottom: 1px solid #ccc;
    text-indent: -999px;
    width: 100%;
    height: 40px;
    position: absolute;
```

```css
        top: 0;
        left: 0;
        z-index: -1;
}

.onlyText .header h1 {
        color: #000;
        font-family: Arial, sans-serif;
        font-size: 28px;
        font-weight: bold;
        text-indent: 0;
        top: 10px;
        left: 10px;
        background-image: none;
}

.onlyText .header h2 {
        color: #888;
        font-family: Arial, sans-serif;
        font-size: 24px;
        font-weight: normal;
        padding-top: 56px;
        text-indent: 0;
}
```

Y el JavaScript que incluiría la funcionalidad para activar una u otra hoja de estilos podría ser:

```javascript
document.getElementById("appliedStyle").onchange = function(e){
    /* En función del valor del desplegable establecemos uno u otro modo */
    if(e.target.value == "SN"){
        document.body.classList.remove("onlyText");

    } else {
        document.body.classList.add("onlyText");
    }
}
```

Sólo a modo de aclaración, en una hoja de estilos CSS se han definido todas las reglas necesarias para crear ambas funcionalidades, la visualización con todas las personalizaciones y la que es únicamente texto. Además, para que el usuario pueda cambiar de una a otra vista, se le ha provisto de un desplegable con las dos opciones posibles.

Ahora, para que el usuario vea el efecto de aplicar una u otra vista, a este desplegable, se le ha añadido el manejo de un evento JavaScript que añade o elimina una clase al elemento BODY. Si el elemento BODY no contiene la clase "onlyText", el estilo de vista que se mostrará será la que contenga todas las personalizaciones, en caso contrario, la vista que se mostrará será la que contenga únicamente texto.

El resultado de ejecutar el código anterior podría ser algo similar a:

1.5.26 CC-1.4.10. Reajustar contenido

NC	Propósito
AA	Asegurar que el contenido puede presentarse sin pérdida de información y sin requerir un desplazamiento en dos dimensiones.

Más información en:
https://www.w3.org/WAI/WCAG21/Understanding/reflow.html

MÉTODO PARA HACER CUMPLIR ESTA CONFORMIDAD

Garantizar que los usuarios puedan navegar por el sitio web utilizando una resolución de pantalla de tipo móvil.

Si la pantalla está dispuesta con una orientación vertical, el ancho mínimo debe ser 320 píxeles tomando como referencia una pantalla con 1280 px de resolución horizontal y un zoom establecido a 400%.

Si la pantalla está dispuesta con una orientación horizontal, el alto mínimo debe ser 256 píxeles tomando como referencia una pantalla con 1024 px de resolución vertical y un zoom establecido a 400%.

Básicamente, este criterio de conformidad se basa en conseguir el diseño de la página sea totalmente Responsive, pero sin pérdida de información relevante. Por tanto, para llevar a cabo este requerimiento, en líneas generales, se debe pensar como si se estuviese diseñando para un dispositivo móvil bajo una resolución de escritorio.

Por ejemplo, una de las posibles opciones es utilizar las propiedades WORD-WRAP y OVERFLOW-WRAP de CSS:

```css
* {
    overflow-wrap: break-word;
    word-wrap: break-word;
}
```

Esto hará que todos los elementos de la página o aplicación puedan separar las palabras largas que contengan y enviarlas a la siguiente línea.

Si lo que se tiene que hacer es trabajar con capas o contenedores de elementos, una técnica para llevar a cabo esta necesidad puede ser utilizar consultas de medios de CSS:

```css
@media all and (min-width: 576px) {
    section.container{
        width: 100%;
        margin: 0;
        padding: 1%
    }
}

@media all and (min-width: 992px) {
    section.container{
        width: 80%;
        margin: 10%;
        padding: 1%
    }
}
```

Si lo que se necesita es presentar las etiquetas y elementos de formulario sin desplazamiento horizontal en un ancho equivalente a 320 píxeles, lo que se debe hacer es asegurase de que, ambos elementos estén ajustados al tamaño de su elemento padre y con una altura equivalente de 256 píxeles como mínimo.

Cabe destacar que, aunque este criterio de conformidad, a lo que invita es a la eliminación de las barras desplazamiento tanto verticales como horizontales, su aplicación no es estricta, es decir, existen escenarios en los que, dichas barras, están permitidas. Por ejemplo, el uso del desplazamiento horizontal está permitido para mapas, diagramas anchos o tablas de datos con muchas columnas.

Group→ Period↓	1	2	3	4	5	6	7	8	9	10	11	12	13	14	15	16	17	18
1	1 H																	2 He
2	3 Li	4 Be											5 B	6 C	7 N	8 O	9 F	10 Ne
3	11 Na	12 Mg											13 Al	14 Si	15 P	16 S	17 Cl	18 Ar
4	19 K	20 Ca	21 Sc	22 Ti	23 V	24 Cr	25 Mn	26 Fe	27 Co	28 Ni	29 Cu	30 Zn	31 Ga	32 Ge	33 As	34 Se	35 Br	36 Kr
5	37 Rb	38 Sr	39 Y	40 Zr	41 Nb	42 Mo	43 Tc	44 Ru	45 Rh	46 Pd	47 Ag	48 Cd	49 In	50 Sn	51 Sb	52 Te	53 I	54 Xe
6	55 Cs	56 Ba		72 Hf	73 Ta	74 W	75 Re	76 Os	77 Ir	78 Pt	79 Au	80 Hg	81 Tl	82 Pb	83 Bi	84 Po	85 At	86 Rn
7	87 Fr	88 Ra		104 Rf	105 Db	106 Sg	107 Bh	108 Hs	109 Mt	110 Ds	111 Rg	112 Cn	113 Uut	114 Fl	115 Uup	116 Lv	117 Uus	118 Uuo

Lanthanides	57 La	58 Ce	59 Pr	60 Nd	61 Pm	62 Sm	63 Eu	64 Gd	65 Tb	66 Dy	67 Ho	68 Er	69 Tm	70 Yb	71 Lu
Actinides	89 Ac	90 Th	91 Pa	92 U	93 Np	94 Pu	95 Am	96 Cm	97 Bk	98 Cf	99 Es	100 Fm	101 Md	102 No	103 Lr

1.5.27 CC-1.4.11. Contraste sin texto

NC	Propósito
AA	Asegurar que la presentación visual tiene un contraste mínimo de, al menos, 3:1 en referencia a los colores adyacentes.

Más información en:
https://www.w3.org/WAI/WCAG21/Understanding/non-text-contrast.html

MÉTODO PARA HACER CUMPLIR ESTA CONFORMIDAD

Proporcionar un contraste sufrientemente alto para que todos los elementos de la interfaz gráfica que interactúan con el usuario puedan ser distinguibles por personas con visión moderadamente baja.

Si bien, este criterio de conformidad se puede resolver mediante los mismos métodos o técnicas del Criterio de Conformidad 1.4.3, los valores de tolerancia son diferentes.

Para controles activos como botones, elementos de formulario y enlaces, la información que identifica a cada entidad debe tener un contraste mínimo de 3:1 y ser diferenciable con respecto a todos sus adyacentes, aunque este valor no requiere que se cumpla si los elementos adyacentes son del mismo tipo.

Uno de los ejemplos más conocidos que cumple este criterio de conformidad quizás sea el azul de los enlaces (#3366CC) en contraste con el color negro del texto (#000000). Si realizáramos los cálculos para averiguar el contraste que existe entre ambos colores, comprobaríamos el valor devuelto sería 3.91:1, lo que significa que, por defecto, pueden ser diferenciables por todo tipo de personas, incluyendo aquellas que tienen daltonismo.

Sin embargo, no siempre es tan sencillo. A veces hay que modificar o escoger otros colores con los que trabajar:

Si nos fijamos en la ilustración anterior, podremos comprobar que ambos ejemplos fallan. La representación de la izquierda falla por los colores escogidos y la representación de la derecha porque, aunque dispone de un borde en color negro, no provoca el contraste suficiente como para que sea percibido de manera adecuada. No obstante, si se cambian los colores o se les añade un borde lo suficientemente grueso, ambos ejemplos cumplirán este requerimiento.

La técnica de reforzar los bordes en grafismos para que sean percibidos de manera adecuada no sólo tiene cabida en los iconos, también es una buena idea usarlos en mapas, gráficos estadísticos u otras entidades que marquen o definan algún tipo de límite fronterizo.

En este caso, los dos gráficos alineados más a la izquierda cumplen el criterio de conformidad, pero la figura alineada a la derecha no. Sólo hay que compararlo con sus elementos adyacentes para darse cuenta de que, al mapa del mundo pintado a través de ceros y unos le falta contraste o rediseñarlo.

Ahora bien, si el texto está sobre una imagen, el texto deberá situarse sobre un recuadro con fondo blanco parcial o totalmente atenuado de forma que, el contraste del texto sobre ese nuevo fondo sea 4.5:1. La razón de esta necesidad es porque las imágenes pueden contener una gran variedad de colores y sombras y eso puede causar problemas en la lectura.

En lo referente a los elementos cuando toman posesión del foco, lo que se puede hacer es establecer un color de alto contraste o con una relación de 4.5:1.

Un ejemplo de esto podría ser:

Elemento sin foco

Email

Elemento con foco

Email

1.5.28 CC-1.4.12. Espaciado del texto

NC	Propósito
AA	Asegurar que, el lenguaje de marcado utilizado (HTML XHTML, etcétera) no produce pérdida de contenido o funcionalidad a causa de las propiedades de estilo.

Más información en:
https://www.w3.org/WAI/WCAG21/Understanding/text-spacing.html

MÉTODO PARA HACER CUMPLIR ESTA CONFORMIDAD

Garantizar que los usuarios puedan modificar o anular las reglas de espaciado del texto para mejorar su experiencia de lectura. Estas reglas se centran en la necesidad o capacidad de aumentar el espacio entre letras, palabras, líneas o párrafos porque, en la actualidad siguen encontrándose situaciones como las siguientes:

IST: NUEVO
SERVICIO DE
ACCESO A DATOS

Deseo más información sobre IST

TE AYUDAMOS A
BUSCAR SOLUCIONES
PARA COMBATIR TUS
DIFICULTADES
ECONÓMICAS

Apúntate gratis y recibe un llavero como regalo

Si nos fijamos, en las figuras anteriores podemos observar cómo se producen errores de texto cortado y montado. En la figura de la izquierda se ha perdido el contenido "más eficiente" y en la figura de la derecha no es posible leer correctamente el texto en gris que dice que "Apúntate gratis y recibe un llavero como regalo".

Puede que parezca que hacer cumplir este requerimiento es algo tedioso, sin embargo, sólo hay que tener en cuenta unas pocas directrices.

Lo primero que se tiene que garantizar es que los contenidos que se muestran no pierdan legibilidad ni funcionalidad, aunque su altura cambie. Para que esto pueda suceder, lo normal es establecer la propiedad HEIGHT de los contenedores a "auto". Además, su ancho debe poder permitir un 20% más que la palabra más larga.

```
* {
    height: auto;
}

body {
    font-size: 17px;
}
```

El espaciado entre las letras debe ser 0.12 veces el tamaño de la fuente como mínimo. En CSS, esto es posible establecerlo a través de la propiedad LETTER-SPACING.

```
p {
    letter-spacing: 0.12em;
}
```

El espaciado entre palabras debe ser, al menos, 0.16 veces el tamaño de la fuente. En CSS, la propiedad que permite establecer esta característica es WORD-SPACING.

```
p {
    word-spacing: 0.16em;
}
```

El espacio entre líneas debe ser de 1.5 veces el tamaño de la fuente, como mínimo. En CSS, la propiedad que controla esta característica es LINE-HEIGHT.

```
p {
    line-height: 1.5;
}
```

El espaciado entre párrafos debe ser, al menos 2 veces el tamaño de la fuente. En CSS, esto es posible establecerlo mediante las propiedades MARGIN o PADDING.

```
p {
    margin-bottom: 2em;
}
```

Cabe destacar que, aunque el espaciado entre párrafos es posible realizarlo a través de varias propiedades CSS, lo más frecuente es establecerlo a través de las propiedades para control de márgenes internos o externos. No obstante, existen situaciones en dónde este criterio de conformidad no se tendrá que aplicar como es el caso de la exposición de subtítulos incrustados en vídeo (que no se proporcionan como un archivo de subtítulos asociado) o imágenes textuales.

1.5.29 CC-1.4.13. Contenido flotante (hover) y enfocado (focus)

NC	Propósito
AA	Asegurar que, los contenidos adicionales que aparecen y desaparecen al mover el puntero del ratón, o al tomar el foco en un elemento concreto puedan percibirse correctamente y descartarse sin pérdida de experiencia sobre la página.

Más información en:
https://www.w3.org/WAI/WCAG21/Understanding/content-on-hover-or-focus.html

MÉTODO PARA HACER CUMPLIR ESTA CONFORMIDAD

Garantizar que los elementos de los contenidos adicionales que aparecen y desaparecen disponen de un mecanismo para que el contenido permanezca visible hasta que se elimine su evento de activación y puedan descartarse sin tener que mover el ratón o cambiar el estado del foco.

Aunque es posible que se encuentren situaciones en las que resulte difícil o imposible gestionar esta necesidad, la inmensa mayoría de las veces bastará con unos pocos ajustes.

De hecho, lo normal es que baste con establecer un atributo de ARIA que indique su función, unas reglas de estilo básicas a través de CSS y la definición de unos pocos eventos de JavaScript.

Por ejemplo, supongamos que se tiene un párrafo con un enlace que presenta un diálogo flotante (tooltip) cuando se sitúa el ratón encima de él.

EJEMPLO DE ENLACE CON TOOLTIP

Este **enlace** tiene un tooltip asociado. Puedes pulsar en él o pasar el puntero del ratón por encima para verlo.

Para ocultarlo, puedes cliquear fuera del enlace, mover el puntero del ratón fuera de su ámbito de aplicación o mediante la tecla "escape".

Para definir el objeto o función del contenido adicional que se va a mostrar, se deberá establecer la propiedad ROLE de la WAI-ARIA.

```
<p>
    Este <a id="testlink" href="#">
        enlace
        <div role="tooltip">Esto es un tooltip de prueba</div>
    </a>
    tiene un tooltip asociado. Puedes pulsar en él o pasar el puntero del ratón
por encima para verlo.
</p>

<p>
    Para ocultarlo, puedes cliquear fuera del enlace, mover el puntero del ratón
    fuera de su ámbito de aplicación o mediante la tecla "escape".
</p>
```

Para que el diálogo flotante se vea con un aspecto acorde al resto de elementos de la página, se podrán establecer unas reglas de CSS.

```
<style>
    [role="tooltip"]{
        position: absolute;
        top: 1rem;
        left: 0;
        background: #fff;
        border: 1px solid #ccc;
        color: #000;
    }
</style>
```

Para que el diálogo flotante se pueda manipular, se podrán utilizar los eventos ONMOUSEOVER y ONFOCUS (para provocar su aparición), de ONMOUSEOUT y ONBLUR (para provocar su desaparición) y KEYDOWN (para ocultarlo mediante una pulsación de teclado).

```
<script type="text/javascript">
    var obj = document.querySelector("#testlink");

    /* Mostrar el tooltip al pasar por encima del enlace */
    target.onmouseover = function() {
        target.children[0].style.display = 'block';
    }

    /* Ocultar el tooltip al mover el ratón fuera del enlace */
    target.onmouseooout = function() {
        target.children[0].style.display = 'none';
    }

    /* Mostrar el tooltip al tomar el foco */
    obj.onfocus = function(){ target.children[0].style.display = 'block'; }

    /* Ocultar el tooltip al perder el foco */
    obj.onblur = function(){ target.children[0].style.display = 'none'; }

    /* Ocultar el tooltip al pulsar la tecla "escape" */
    document.addEventListener('keydown', function(e){
        if ((e.keyCode || e.which) === 27){
            target.children[0].style.display = 'none';
        }
    });
</script>
```

Como se puede observar en el código anterior, los eventos de JavaScript que se han declarado sobre el elemento referenciado por "target" permiten manipular el estado del tooltip a través de la propiedad DISPLAY de CSS y, para conseguir que el diálogo flotante tenga la apariencia deseada, se definen unas reglas CSS a partir del atributo ROLE de la WAI-ARIA.

Cabe destacar que existen algunos errores comunes cuando se trata de cumplir este Criterio de Conformidad. Casi todos los casos en los que falla, lo hacen porque, cuando los usuarios usan un magnificador de pantalla, el nuevo contenido, a menudo no es completamente visible en la sección que se está ampliando en ese momento.

Para percibirlo, por lo tanto, es crítico que estos usuarios puedan mover el puntero lejos del disparador y sobre el contenido adicional, y así cambiar la posición de la sección ampliada, sin que este contenido desaparezca.

Por ejemplo, supongamos que un mensaje flotante aparece al pasar el puntero sobre un elemento dado. Como el usuario tiene activo el magnificador de pantalla, el contenido de ese mensaje flotante no puede verlo completamente. Ahora el usuario mueve el puntero del ratón y, entonces, el mensaje flotante desaparece. Una posible solución a esto es que el mensaje flotante sólo apareciera cuando se hace clic en el elemento y sólo desapareciese al pulsar en un botón de cerrar.

Otro ejemplo podría ser cuando se diseñan gráficos con puntos de datos. En este tipo de gráficos es frecuente que muestre el valor del punto cuando se pasa el puntero del ratón, pero como el usuario tiene activado el magnificador de pantalla, los detalles de ese punto se ven desplazados y el contenido cortado. Entonces, el usuario mueve el puntero hacia ese mensaje emergente con los datos, pero durante el proceso, lo que consigue es que se muestren otros mensajes emergentes referentes a otros puntos, ocultando o cerrando el que quería consular el usuario. La solución para eso es, básicamente, la misma que para el mensaje flotante anterior.

1.5.30 CC-2.1.1. Teclado

NC	Propósito
A	Asegurar, siempre que sea posible, que el contenido puede ser operado a través del teclado o una interfaz de teclado. Esto no implica que no pueda ser operable mediante ratón o un dispositivo de puntero.

Más información en:
https://www.w3.org/WAI/WCAG21/Understanding/keyboard.html

ENTENDIMIENTO

Cuando el contenido de una página puede ser operable a través de un teclado o dispositivo alternativo que actúa como emulador de teclado, se debe proveer de una manera para que, las personas con discapacidad visual total o parcial y las personas que tienen temblores en las manos, puedan utilizarlo.

En resumen, las páginas pueden ser operables a través del ratón, no obstante, también deben ser operables a través de un dispositivo de entrada como un teclado.

MÉTODO PARA HACER CUMPLIR ESTA CONFORMIDAD

Garantizar que toda la funcionalidad de la página puede ser manejada a través de atajos de teclado y de forma independiente a la velocidad, duración y tiempo, salvo aquellas que no puedan ser replicadas como, por ejemplo, un software de dibujo.

Para ello, lo que se tiene que hacer es diseñar la interfaz de usuario de modo que no pierda la funcionalidad por defecto. Es decir, se debe aprovechar el comportamiento predefinido de los elementos HTML. Por ejemplo, los navegadores proporcionan unos mecanismos predefinidos para navegar y seleccionar enlaces.

```
<a href="https://www.islavisual.com" role="link">Ir a islavisual.com</a>

<a href="https://www.islavisual.com" role="link">
    <img src="./link.png" alt="link-icon" /> Ir a islavisual.com
</a>
```

Si nos fijamos, en la declaración del segundo enlace, se define una imagen y se añade un espacio entre dicha imagen y el texto. La razón de hacer esto es porque, si la imagen no se renderiza y se muestra el texto alternativo, ambas palabras ("link-icon" e "Ir") se unirán y podrían confundirse como una sola.

En lo referente a los elementos de formulario, se deben definir de forma que no pierdan funcionalidad ni compresión.

```
<fieldset>
    <legend>Formulario de contacto</legend>

    <label for="name">Nombre</label>
    <input id="name" type="text" title="Nombre" value="Anónimo" required>

    <input id="email" type="email" title="Email">

    <label for="reason">Razón de contacto</label>
    <select id="s1" size="1">
        <option>Información comercial</option>
        <option selected="selected">Averia</option>
        <option>Otros motivos</option>
    </select>

    <input type="button" value="Enviar" onclick="hacerAlgo()" />
</fieldset>
```

Si nos fijamos en el código anterior, en todos ellos se puede obtener el role, valor, nombre y estado.

▶ En el primer INPUT, el nombre lo establece el elemento LABEL y el valor es "Anónimo". Sin embargo, en el segundo INPUT, el nombre lo establece la propiedad TITLE y el valor es vacío. En ambos casos, el rol es DOCUMENT.

▶ Para el desplegable, la cosa cambia, porque el valor se establece por el atributo SELECTED del OPTION. Su nombre se define por el LABEL y su rol es TEXTBOX.

▶ Sin embargo, para de tercer INPUT, su atributo VALUE es quién establece el nombre y su rol es BUTTON.

Si se utilizan atajos de teclado, no deben entrar en conflicto con los métodos abreviados predefinidos del navegador y/o el lector de pantalla. Es decir, no se deben utilizar atajos como CTRL+T porque, en este caso, se utiliza para abrir una nueva pestaña y, si se sobrescribe, el usuario perdería la funcionalidad.

También es posible hacer ejecutar códigos de JavaScript mediante teclado utilizando eventos como ONCLICK, ONFOCUS, ONBLUR, … siempre y cuando los elementos dónde se asignen sean de tipo enlace o botón.

1.5.31 CC-2.1.2. Sin trampas para el teclado

NC	Propósito
A	Asegurar que los contenidos no se vuelvan una "trampa" de teclado en ninguna parte del contenido de una página Web.

Más información en:
https://www.w3.org/WAI/WCAG21/Understanding/no-keyboard-trap.html

ENTENDIMIENTO

Garantizar que el foco del teclado no se pierda cuando se está utilizando para acceder a los diferentes contenidos. La razón de este Criterio de conformidad es porque resulta ser un problema común cuando se hace uso de plugins o aplicaciones embebidas dentro de la página web.

Por ejemplo, un componente de tipo calendario debe de ser operable a través del tabulador porque, de lo contrario, las personas que dependen de un teclado o de una interfaz de teclado no podrían utilizarlo.

MÉTODO PARA HACER CUMPLIR ESTA CONFORMIDAD

Asegurar que los usuarios que usan el teclado no se queden atrapados en una zona de la página en la que sólo se puede salir con un dispositivo señalizador o de tipo puntero, como es un ratón.

Para ello, lo que se debe hacer es establecer los atajos de teclado a través de la propiedad ACCESSKEY en los elementos que pueden tomar el foco y establecerles un orden a través de la propiedad TABINDEX.

```html
<fieldset>
    <legend>Formulario de contacto</legend>
    <h4>Contacta con nosotros y te responderemos en menos de 24 horas!</h4>

    <form id="contact" action="" method="post">
        <input id="name"
               name="name"
               type="text"
               placeholder="Tu nombre"
               tabindex="1"
               required
               autofocus />
        <input id="email"
               name="email"
               type="email"
               placeholder="Correo electrónico para responderte"
               tabindex="2"
               required />

        <input id="phone"
               name="phone"
               type="tel"
               placeholder="Teléfono de contacto (opcional)"
               tabindex="3" />

        <input id="web"
               name="web"
               type="url"
               placeholder="Sitio Web (opcional)"
               tabindex="4" />

        <textarea id="message"
               name="message"
               placeholder="Escribe aquí tu mensaje"
               tabindex="5"
               required>
        </textarea>

        <button id="submit"
                name="submit"
                type="submit"
```

```
        data-submit="...Enviando"
        tabindex="6"
        accesskey="e">
      Enviar mensaje
    </button>
  </form>
</fieldset>
```

Si nos fijamos en el código anterior, todos los elementos de formulario tienen asignado un atributo TABINDEX. Esto permite a las personas que usan dispositivos señalizadores y a las personas con discapacidades físicas que puedan acceder a los distintos elementos a través del tabulador.

Además, se ha habilitado un acceso directo al botón Enviar mediante un atajo de teclado, en este caso ALT+E.

Cabe destacar que, si no fuese posible utilizar esta metodología para moverse por el contenido de la página, debería indicarse explícitamente de alguna forma antes de acceder al contenido y, una vez mostrado, dentro del contenido.

1.5.32 CC-2.1.3. Teclado (sin excepción)

NC	Propósito
AAA	Asegurar que todo el contenido de la página sea operable desde el teclado sin excepción alguna.

Más información en:
https://www.w3.org/WAI/WCAG21/Understanding/keyboard-no-exception.html

ENTENDIMIENTO

Cuando el contenido de una página puede ser operable a través de un teclado o dispositivo alternativo que actúa como emulador de teclado, se debe proveer de una manera para que, las personas con discapacidad visual total o parcial y las personas que tienen temblores en las manos o discapacidades físicas, puedan utilizarlo.

La única diferencia con el Criterio de Conformidad 2.1.1 es que toda la funcionalidad del contenido debe ser alcanzable a través de una interfaz de teclado sin requerir tiempos específicos para pulsaciones de tecla individuales.

MÉTODO PARA HACER CUMPLIR ESTA CONFORMIDAD

Garantizar que toda la funcionalidad de la página puede ser manejada a través de atajos de teclado y de forma independiente a la velocidad, duración y tiempo, sin excepción alguna.

Para ello, lo que se tiene que hacer es diseñar la interfaz de usuario de modo que no pierda la funcionalidad por defecto. Es decir, se debe aprovechar el comportamiento predefinido de los elementos HTML. Por ejemplo, los navegadores proporcionan unos mecanismos predefinidos para navegar y seleccionar enlaces.

```html
<a href="https://www.islavisual.com" role="link">Ir a islavisual.com</a>

<a href="https://www.islavisual.com" role="link">
    <img src="./link.png" alt="link-icon" /> Ir a islavisual.com
</a>
```

Si nos fijamos, en la declaración del segundo enlace, se define una imagen y se añade un espacio entre dicha imagen y el texto. La razón de hacer esto es porque, si la imagen no se renderiza y se muestra el texto alternativo, ambas palabras ("link-icon" e "Ir") se unirán y podrían confundirse como una sola.

En lo referente a los elementos de formulario, se deben definir de forma que no pierdan funcionalidad ni compresión.

```html
<fieldset>
    <legend>Formulario de contacto</legend>

    <label for="name">Nombre</label>
    <input id="name" type="text" title="Nombre" value="Anónimo" required>

    <input id="email" type="email" title="Email">

    <label for="reason">Razón de contacto</label>
    <select id="s1" size="1">
        <option>Información comercial</option>
        <option selected="selected">Averia</option>
        <option>Otros motivos</option>
    </select>
    <textarea id="message"><textarea>
    <input type="button" value="Enviar" onclick="hacerAlgo()" />
</fieldset>
```

Si nos fijamos en el código anterior, en todos ellos se puede obtener el role, valor, nombre y estado.

▸ En el primer INPUT, el nombre lo establece el elemento LABEL y el valor es "Anónimo". Sin embargo, en el segundo INPUT, el nombre lo establece la propiedad TITLE y el valor es vacío. En ambos casos, el rol es DOCUMENT.

▼ Para el desplegable, la cosa cambia, porque el valor se establece por el atributo SELECTED del OPTION. Su nombre se define por el LABEL y su rol es TEXTBOX.

▼ Sin embargo, para de tercer INPUT, su atributo VALUE es quién establece el nombre y su rol es BUTTON.

Si se utilizan atajos de teclado, no deben entrar en conflicto con los métodos abreviados predefinidos del navegador y/o el lector de pantalla. Es decir, no se deben utilizar atajos como CTRL+T porque, en este caso, se utiliza para abrir una nueva pestaña y, si se sobrescribe, el usuario perdería la funcionalidad.

También es posible hacer ejecutar códigos de JavaScript mediante teclado utilizando eventos como ONCLICK, ONFOCUS, ONBLUR, etc., siempre y cuando los elementos dónde se asignen sean de tipo enlace o botón.

1.5.33 CC-2.1.4. Atajos de teclado

NC	Propósito
A	Asegurar que todos los elementos que definen un atajo de teclado son sólo activados cuando toman el foco o, en su defecto, disponen de un mecanismo para desactivarlos o reasignarlos.

Más información en:
https://www.w3.org/WAI/WCAG21/Understanding/character-key-shortcuts.html

MÉTODO PARA HACER CUMPLIR ESTA CONFORMIDAD

Reducir o minimizar la activación accidental de los métodos abreviados de teclado.

La razón por la que se ha establecido este criterio de conformidad es porque, aunque para muchos usuarios los atajos de teclado sirven para trabajar de manera más eficiente, los que utilizan otros métodos de navegación (como la entrada por voz), les resulta inapropiado o frustrante.

Cabe destacar que, este criterio de conformidad no afecta a elementos de tipo SELECT de HTML o componentes del tipo de menú desplegable porque, aunque dichas entidades puedan seleccionarse a través de una o más teclas de caracteres, sólo funcionarán si tienen asignado el foco de teclado.

Por tanto, un método sencillo para hacer cumplir este requerimiento podría ser facilitar un botón que habilite o deshabilite los atajos de teclado.

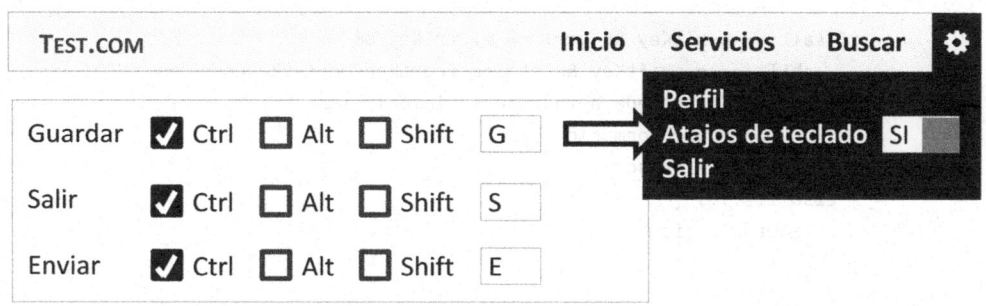

Sólo por aclarar un poco el funcionamiento de esta posible solución, todos los atajos de teclado que se muestran en el formulario de la ilustración anterior se podrían almacenar en un array de JavaScript de manera automática nada más realizar un cambio de estado o en su propiedad VALUE. Una vez almacenados, se implementaría un evento genérico que controlaría los valores de este array filtrando y redirigiendo a sus destinos correspondientes.

Este evento podría ser algo como:

```
/* Suponemos que el array keymap tiene los valores siguientes: */
var keymap = ['ctrl+g', 'ctrl+s', 'ctrl+e'];

document.addEventListener("keydown", function (e) {
    e = e || event;

    // Si el botón de habilitar o deshabilitar los atajos de teclado
    // está deshabilitado, retornamos y no hacemos nada.
    if(!document.getElementById("AtajosTecladoButton").checked) return;

    for(var i = 0; i < keymap.length; i++){
        var key = keymap[i].dataset.key;

        var alt   = key.indexOf("alt") != -1;
        key = key.replace("alt", '');
        key = key.replace(/^\++|\++$/g, '');

        var ctrl  = key.indexOf("ctrl") != -1;
        key = key.replace("ctrl", '');
        key = key.replace(/^\++|\++$/g, '');

        var shift = key.indexOf("shift") != -1;
        key = key.replace("shift", '');
        key = key.replace(/^\++|\++$/g, '');
```

```
if (alt == e.altKey && ctrl == e.ctrlKey &&
    shift == e.shiftKey && String.fromCharCode(e.keyCode) == "G"){
        // Se procede a guardar la información
        GuardarInformacion();
        return false;
} else if(...) {
    // Otra opción
}
...
}
});
```

De esta forma, los usuarios pueden pulsar en el botón de tipo interruptor de la esquina superior derecha y desactivar los métodos abreviados. No obstante, si no desean desactivar los atajos de teclado, es decir, sólo quieren cambiar la combinación de teclas que lanza cada uno de los comandos, pueden utilizar el formulario de la parte izquierda, el cual permite definir a cada usuario una configuración personal.

1.5.34 CC-2.2.1. Tiempo ajustable

NC	Propósito
A	Asegurar que los usuarios con discapacidad dispongan de tiempo suficiente para interactuar con el contenido web siempre que sea posible.

Más información en:
https://www.w3.org/WAI/WCAG21/Understanding/timing-adjustable.html

ENTENDIMIENTO

Las personas que presentan una discapacidad visual total o parcial, con problemas de destreza o limitaciones cognitivas pueden requerir más tiempo para realizar determinadas tareas como completar un formulario o seleccionar una opción entre una multitud de ellas.

Diseñar funcionalidades que no dependan del tiempo ayudará a los usuarios a completarlas de manera correcta porque su atención no estará en el cronómetro, sino en la tarea que deben acometer.

Es evidente que no siempre se va a poder cumplir este requerimiento, por ello, sólo deberá aplicar se cuándo el tiempo no sea una característica que describe o define a la funcionalidad, como pueda ser una subasta o evento que conlleva una medición de tiempo real.

MÉTODO PARA HACER CUMPLIR ESTA CONFORMIDAD

Si la página Web tiene definido un límite de tiempo para completar las tareas se debe proporcionar una forma para que los usuarios puedan desactivar o detener ese contador de tiempo. Esto, por ejemplo, se puede hacer a través de un elemento de formulario de tipo casilla de verificación que active o desactive la característica del tiempo en dicha página.

Si el contenido es una animación, los usuarios que presentan un déficit en la visión o tienen discapacidades cognitivas podrían tener graves problemas de lectura, sin contar que, el movimiento, puede provocar una distracción para muchas personas, con y sin discapacidad, lo que hace difícil concentrarse en las partes importantes. Por ello, en esta situación, lo que se puede hacer es habilitar un botón que permita parar y reanudar la animación dentro de la misma y en un lugar claramente visible.

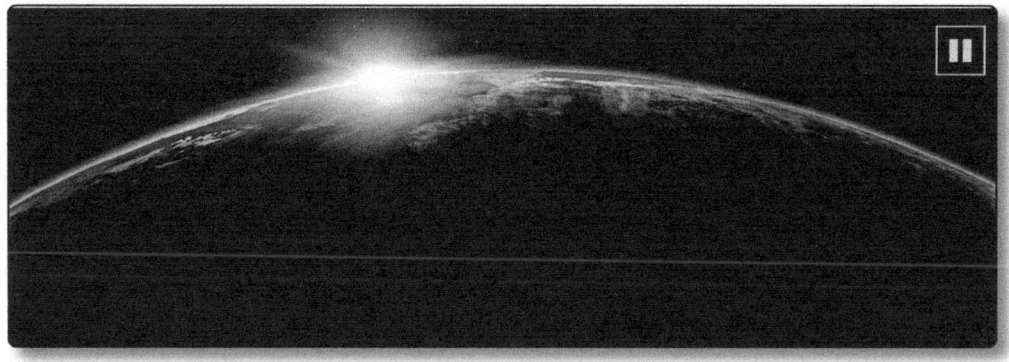

Si se está trabajando con sesiones, deben ser lo sufrientemente largas como para que no puedan perder su trabajo o información. Por ello, en esta situación, lo que se puede hacer es mostrar un mensaje de alerta que permita a los usuarios solicitar una cantidad específica de tiempo adicional como, por ejemplo, 15 minutos.

Sin embargo, si se elige esta opción, este Criterio de Conformidad exige que se avise al usuario con un margen de, al menos, 20 segundos antes de que el tiempo expire para que pueda extender la duración.

Además, para esta última opción, la forma para extender el tiempo debe poder realizarse por medio de alguna acción simple, como una pulsación en la barra espaciadora, y dándole la posibilidad de poder repetir la acción, al menos, diez veces.

Por último, otra posibilidad es que se ofrezca una forma de personalizar los tiempos, a través de un panel de personalización, mediante la configuración del perfil o por medio de otro método sencillo que permita al usuario ajustar el tiempo.

Nombre de usuario	islavisual@example.com	
Contraseña		
Repita Contraseña		
Tiempo máximo Sesión	| ▲▼	Tiempo en minutos

Por si alguno se lo pregunta, también es posible dar la opción de una extensión indefinida, aunque esta última puede ser algo inapropiado ya que se puede poner en peligro la privacidad del usuario o la seguridad de la red.

1.5.35 CC-2.2.2. Pausar, detener, ocultar

NC	Propósito
A	Evitar distracciones a los usuarios durante su interacción con una página Web en lo que a movimientos, parpadeos o desplazamientos se refiere. Ejemplos de ello son cotizaciones en bolsa, videos, juegos en tiempo real, animaciones, …

Más información en:
https://www.w3.org/WAI/WCAG21/Understanding/pause-stop-hide.html

MÉTODO PARA HACER CUMPLIR ESTA CONFORMIDAD

El término mover, parpadear o desplazar va referido a los contenidos visibles que transmiten una sensación de movimiento. En este conjunto de contenidos al que se refiere, se podría incluir una animación, una película, una presentación multimedia, un juego en tiempo real, un gráfico estadístico que se actualiza en tiempo real o un texto en movimiento que se desplaza de derecha a izquierda a una velocidad concreta.

Cabe destacar que el término "parpadeo" no sólo se refiere a que un contenido pueda generar una distracción, también puede crear convulsiones o temblores si tiene una frecuencia mayor a 3 veces por segundo y emite una intensidad lo suficientemente brillante.

Por ello, si una persona presenta una discapacidad intelectual, tiene problemas para la lectura o posee un déficit de atención, los contenidos que parpadean, se mueven o se desplazan pueden perjudicar o, incluso imposibilitar, la tarea que esté ejecutando.

En lo referente a actualizaciones automáticas, este concepto se refiere a los contenidos que se actualizan, se refrescan o desaparecen, en función de un intervalo de tiempo preestablecido. No importa que este intervalo sea más o menos largo, lo que importa es que, todo proceso que tiene asociado una duración fija, puede generar problemas en lo que a finalización con éxito se refiere.

Por ello, si una persona presenta una discapacidad intelectual, tiene problemas para la lectura o posee un déficit de atención, los contenidos que se actualizan de forma automática a intervalo de un número de segundos concretos, pueden provocar que no terminen la tarea con éxito.

MÉTODO PARA HACER CUMPLIR ESTA CONFORMIDAD

Para toda información que se mueva, parpadee o se desplace, que comience automáticamente, dure más de cinco segundos y se presente en paralelo con otro contenido deberá proporcionar un mecanismo para que el usuario la pueda poner en pausa, detener u ocultar, a menos que el movimiento, parpadeo o desplazamiento sea parte esencial del contenido o de una actividad.

Un ejemplo de esto podría ser una página que tiene un componente slider que cambia las imágenes cada 10 segundos y debajo tiene una descripción.

En la ilustración anterior, se puede observar cómo el slider que presenta las imágenes, se puede pausar, reiniciar o detener.

Evidentemente, como se ha dicho anteriormente, todos los casos similares a un slider o banner animado, o una página web que ayuda a los usuarios a comprender "cómo funcionan las cosas" a través de animaciones que ilustran procesos, todos ellos, deberían tener, al menos, unos botones de "pausa" y "reinicio".

Sin embargo, existen otros un poco diferentes como es el caso de un anuncio que parpadea para llamar la atención de los espectadores, pero que se detiene a los 5 segundos. En este caso, como dura sólo cinco segundos, no hace falta habilitar una acción de pausa, reinicio, parado y/o ocultación.

Si un usuario entra en un sitio web para contratar un servicio y el formulario tiene la característica que hace parpadear una flecha cerca del botón de envío cuando el usuario termina de rellenar el contenido, pero no activa el botón. El efecto en sí no produce ningún problema, no obstante, después del parpadeo, la animación se debería detener a los 5 segundos, como mucho.

En lo referente a las actualizaciones automáticas, para toda información que se actualiza automáticamente y se presenta en paralelo con otro contenido se debe proporcionar un mecanismo para que el usuario la pueda poner en pausa, detener o controlar la frecuencia de actualización a menos que la actualización automática sea parte esencial de una actividad.

Por ejemplo, una página de valores bursátiles lleva implícito el refresco, por lo que no se debería detener el refresco. Ahora bien, sí que es posible que se pudiese implementar algún tipo de alternativa, dependiendo del caso.

En cambio, una página de noticias de última hora, sí que debe tener habilitado algún mecanismo para que los usuarios puedan configurarlo a sus necesidades. Puede ser una casilla de verificación que indique que está activado el refresco automático.

También se podrían disponer unos controles multimedia que proporcionasen la capacidad de parar y reanudar el refresco.

Y, por último, otra opción podría ser diseñar un panel de personalización en el cual se indicase si se desea que esté habilitado y el tiempo de refresco deseado, o bien, también se podría habilitar una zona dentro del perfil del usuario dónde establezca la configuración deseada.

1.5.36 CC-2.2.3. Sin tiempo

NC	Propósito
AAA	Minimizar la aparición de contenido que requiere la interacción cronometrada. Esto beneficia a las personas con ceguera, baja visión, limitaciones cognitivas, motoras o con impedimentos para interactuar con el contenido.

Más información en:
https://www.w3.org/WAI/WCAG21/Understanding/no-timing.html

ENTENDIMIENTO

Las personas que presentan discapacidad visual total o parcial, que tienen una discapacidad cognitiva o poseen deficiencias motoras que les impiden interactuar con los contenidos no pueden terminar las tareas en muchas ocasiones.

Por ejemplo, las personas con deficiencias motoras o discapacidad física, a menudo, necesitan un rango de tiempo mayor para finalizar las tareas.

Las personas con baja visión suelen requerir más tiempo para localizar los objetivos en la pantalla y leer. Mucho peor es para aquellas personas con pérdida total de visión. Primero, porque se tarda un tiempo en entender el diseño y encontrar la información y, segundo, porque la interacción con los lectores de pantalla es mucho más lenta.

Pero la cosa no acaba aquí porque, las personas con discapacidad cognitiva, con discapacidad del lenguaje y con discapacidad auditiva pueden requerir mucho más tiempo para leer y/o comprender los contenidos.

Por ello, se debe minimizar, si no eliminar, toda interacción cronometrada con los contenidos.

MÉTODO PARA HACER CUMPLIR ESTA CONFORMIDAD

Proporcionar a los usuarios todo el tiempo que necesiten para completar una actividad, aunque eso implique, en muchas ocasiones, rediseñar las tareas para que no requieran una interacción programada o cronometrada.

1.5.37 CC-2.2.4. Interrupciones

NC	Propósito
AAA	Permitir a los usuarios manipular, posponer o desactivar las actualizaciones automáticas del contenido de una web, u otras interrupciones que no sean de emergencia.

Más información en:
https://www.w3.org/WAI/WCAG21/Understanding/interruptions.html

MÉTODO PARA HACER CUMPLIR ESTA CONFORMIDAD

Garantizar que los usuarios puedan posponer actualizaciones automáticas de contenido u otras interrupciones que no sean de emergencia. Esto se puede lograr a través de una configuración previa o una alerta de una actualización inminente que les brinde la posibilidad de suprimirla.

Si se proporciona una opción de configuración, la actualización automática de contenido debe poder desactivarse de forma predeterminada. Además, los usuarios deben poder especificar la frecuencia de las actualizaciones automáticas de contenido si optan por habilitarla.

En este sentido, la opción de configuración podría ser un objeto de JavaScript con ámbito global y que, por defecto, la variable o propiedad que indica si están o no activadas las actualizaciones automáticas estuviese está a false. No obstante, también se podrían utilizar cookies para almacenar las preferencias del usuario a través de las sesiones.

Si la opción elegida es una alerta de actualización inminente, debe recibir el foco en el botón de DESCARTAR la actualización y esperar hasta que, el usuario, pulse en la acción deseada.

Cabe destacar que este tipo de alertas provocan que el foco cambie y pueden hacer que el usuario se distraiga, especialmente cuando se usa para información que no es de emergencia.

Por ello, no se deben presentar alertas para fines que no sean de emergencia, como mostrar una cotización del día, una sugerencia de uso útil o una cuenta regresiva a un evento en particular, a menos que el usuario dé expresamente su consentimiento a través de una opción proporcionada en el sistema o interfaz.

1.5.38 CC-2.2.5. Volver a autenticar

NC	Propósito
AAA	Permitir que todos los usuarios puedan completar las transacciones en sesiones con autenticación y que tienen establecido un límite de tiempo de inactividad.

Más información en:
https://www.w3.org/WAI/WCAG21/Understanding/re-authenticating.html

ENTENDIMIENTO

Los sistemas o páginas web que utilizan accesos por usuario y contraseña, a menudo, implementan procesos de reautenticación después de un intervalo de tiempo de inactividad. Estos límites, pueden causar problemas a las personas que presentan déficits de visión, que poseen discapacidad cognitiva y/o a aquellas que tienen impedimentos motores o discapacidad física.

MÉTODO PARA HACER CUMPLIR ESTA CONFORMIDAD

Si el usuario no puede ingresar los datos lo suficientemente rápido y la sesión se agota antes de que se envíen, el servidor necesitará volver a autenticar antes de continuar. Cuando esto suceda, el servidor debe almacenar los datos en una caché temporal mientras el usuario inicia sesión y cuando el usuario se vuelva a autenticar, los datos se deben extraer de la caché y enviarlos al formulario para que procese la petición como si nunca hubiera caducado la sesión. El servidor no mantiene la caché indefinidamente, simplemente el tiempo suficiente para garantizar el éxito después de la autenticación en una única sesión de usuario, como un día.

También se puede enviar, como datos ocultos, la información del formulario a la página que se utiliza para volver a autenticar. A continuación, cuando el usuario vuelve a autenticarse, el servidor puede utilizar la información transmitida desde la página de autenticación para enviar el formulario directamente o para presentar una página que incluya los datos que se van a enviar para su revisión. En esta técnica, el servidor no tiene que almacenar los datos enviados por el usuario en el servidor y es útil, en el sentido en que libera al servidor de tener que mantener la información almacenada y volverla a conectar con la sesión recién autenticada. Además, puede ser una buena ayuda para aquellos casos en que es ilegal o un riesgo de seguridad para el servidor para almacenar información temporalmente.

1.5.39 CC-2.2.6. Tiempos de espera

NC	Propósito
AAA	Asegurar que los usuarios están informados sobre la duración de cualquier inactividad que pueda generar una pérdida de datos, a no ser que los datos estén disponibles durante más de 20 horas.

Más información en:
https://www.w3.org/WAI/WCAG21/Understanding/timeouts.html

MÉTODO PARA HACER CUMPLIR ESTA CONFORMIDAD

Garantizar que, cuando un sistema o interfaz utiliza un tiempo de espera que puede provocar una pérdida de datos al usuario, este, esté informado sobre la duración del mismo. No obstante, este criterio de conformidad puede no ser aplicable si los datos se conservan durante un periodo superior a 20 horas.

La razón de hacer cumplir este requerimiento es que los tiempos de espera cronometrados pueden ser un obstáculo para aquellos usuarios que presentan algún tipo de discapacidad cognitiva, básicamente, porque pueden requerir un tiempo mayor para leer un contenido, tomar una decisión concreta, completar una tarea, o cualquier otra acción controlada.

Por ejemplo, si un usuario está creando una entrada de datos sobre un producto concreto y, por lo que sea, tarda más que el tiempo especificado por el tiempo de expiración de sesión de la página, todo lo que hubiese escrito lo perdería al pulsar el botón de guardar. Para evitar esta pérdida se podría haber establecido un tiempo de caducidad de la sesión de 24 horas.

Otra forma de cubrir esta necesidad puede ser proporcionar un mensaje de advertencia sobre la duración de la inactividad del usuario al comienzo de un proceso o logado. Sin embargo, esta no es la manera más correcta porque se da por sentado que se puede realizar en un tiempo concreto cuando, en realidad, nunca se conoce con certeza lo que va a tardar un usuario o lo que le puede suceder durante el proceso.

AVISO AL USUARIO

El proceso que estás a punto de empezar debe ser terminado en menos de dos horas. De lo contrario, la información se

1.5.40 CC-2.3.1. Umbral de tres destellos o menos

NC	Propósito
A	Garantizar que las páginas web no contengan nada que parpadee más de 3 veces por segundo y que los destellos brillantes están por debajo de los límites definidos por los destellos generales y/o rojos.

Más información en:
https://www.w3.org/WAI/WCAG21/Understanding/three-flashes-or-below-threshold.html

ENTENDIMIENTO

El término parpadeo se refiere al contenido que causa o puede causar un problema de distracción. No obstante, los parpadeos están permitidos por un corto plazo de tiempo, siempre y cuando, se detengan o se puedan detener.

Un destello general se define como un cambio del 10 por ciento o más en la luminosidad. También es posible definirlo como un haz de luz brillante que tiene una diferencia de contraste con la imagen de fondo mayor a 1.71:1. Cuando se habla de destellos rojos, en realidad se habla de lo mismo, con la diferencia de que involucra a un rojo saturado.

El término destello se refiere a los contenidos que vibran más de 3 veces por segundo y son lo suficientemente grandes y brillantes. La importancia de los destellos radica en que pueden provocar ataques, espasmos y/o convulsiones y, es por esta razón que están prohibidos. Es decir, no es posible utilizarlos, ni siquiera, cuando tienen una opción de detención.

Por tanto, cabe aclarar que, en accesibilidad web, un destello no es sólo un haz de luz, también puede ser un parpadeo que vibra más de tres veces en un segundo, una serie de explosiones de fuego rápido o cualquier otro cambio "brusco" en la luminosidad de un contenido que se produzca en un espacio de tiempo muy corto.

Ahora bien, existe una excepción. Si el destello posee un patrón sutil y equilibrado, como un ruido blanco o un patrón de tablero de ajedrez con casillas cuadradas menores de 0,1° sobre el campo de visión y está situado a un lado, es posible utilizarlo porque, en principio, está dentro de los umbrales permitidos.

MÉTODO PARA HACER CUMPLIR ESTA CONFORMIDAD

Garantizar que no hay ninguna clase de destellos brillantes a gran velocidad en ningún contenido. Una forma de garantizar este requerimiento es certificar que todos los componentes del contenido están libres de destellos generales que se repitan más de tres veces en un periodo de 1 segundo.

Si los contenidos poseen parpadeos, pero son pequeños, pueden no llegar a ser considerados perjudiciales y pasarían a ser excepciones que no necesitan pasar este Criterio de Conformidad.

Por ejemplo, si algo parpadea más de 3 veces en un segundo, pero el área que está parpadeando es menor al 25 por ciento sobre los 10 grados de campo visual (lo que representaría el área central de visión en el ojo), entonces automáticamente pasaría.

Asimismo, cualquier evento de parpadeo único en una pantalla, es decir, no hay otro parpadeo en la pantalla, que sea más pequeño que un área contigua del 0.02% de la resolución del dispositivo, también cumplirá este requerimiento.

Otras excepciones que pasarían este Criterio de Conformidad también serían si el contraste del parpadeo es muy bajo o si el parpadeo no tiene casi rojo.

Por último, cabe destacar que existe una herramienta denominada PEAT (Photosensitive Epilepsy Analysis Tool) que está pensada para ayudar a pasar este Criterio de Conformidad y que ha sido desarrollada para proporcionar un recurso gratuito a los diseñadores web y desarrolladores de software. Puede descargarse desde la dirección HTTPS://TRACE.UMD.EDU/PEAT.

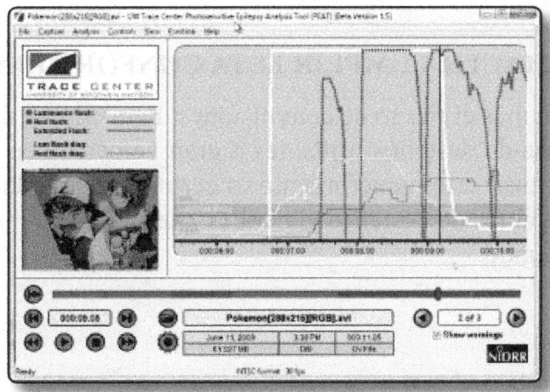

Figura 1.2. Captura de software PEAT de https://trace.umd.edu/

1.5.41 CC-2.3.2. Tres destellos

NC	Propósito
AAA	Las páginas web no contienen nada que parpadee más de tres veces en un segundo período. Mientras que el Criterio de Conformidad 2.3.1 permite más de 3 secuencias de parpadeo (de 3 destellos por segundo), este no.

Más información en:
https://www.w3.org/WAI/WCAG21/Understanding/three-flashes.html

ENTENDIMIENTO

El término parpadeo se refiere al contenido que causa o puede causar un problema de distracción. No obstante, los parpadeos están permitidos por un corto plazo de tiempo, siempre y cuando, se detengan o se puedan detener.

Un destello general se define como un cambio del 10 por ciento o más en la luminosidad. También es posible definirlo como un haz de luz brillante que tiene una diferencia de contraste con la imagen de fondo mayor a 1.71:1. Cuando se habla de destellos rojos, en realidad se habla de lo mismo, con la diferencia de que involucra a un rojo saturado.

El término destello se refiere a los contenidos que vibran más de 3 veces por segundo y son lo suficientemente grandes y brillantes. La importancia de los destellos radica en que pueden provocar ataques, espasmos y/o convulsiones y, es por esta razón que están prohibidos. Es decir, no es posible utilizarlos, ni siquiera, cuando tienen una opción de detención.

Por tanto, cabe aclarar que, en accesibilidad web, un destello no es sólo un haz de luz, también puede ser un parpadeo que vibra más de tres veces en un segundo, una serie de explosiones de fuego rápido o cualquier otro cambio "brusco" en la luminosidad de un contenido que se produzca en un espacio de tiempo muy corto.

MÉTODO PARA HACER CUMPLIR ESTA CONFORMIDAD

Reducir aún más el riesgo de convulsiones. Para ello, se debe garantizar que no hay ninguna clase de destellos brillantes a gran velocidad en ningún contenido. Una forma de garantizar este requerimiento es certificar que todos los componentes del contenido están libres de destellos generales que se repitan más de tres veces en un periodo de 1 segundo.

1.5.42 CC-2.3.3. Animación de las Interacciones

NC	Propósito
AAA	Asegurar que las animaciones producidas por la interacción del usuario se pueden deshabilitar a no ser que dichas animaciones sean indispensables para ejecutar la funcionalidad o trasmitir la información.

Más información en:
https://www.w3.org/WAI/WCAG21/Understanding/animation-from-interactions.html

MÉTODO PARA HACER CUMPLIR ESTA CONFORMIDAD

Proporcionar a los usuarios una manera de desactivar las animaciones que se muestran en las páginas.

Para ponernos en situación, quién no ha visto una página web que hace que, su contenido, vaya apareciendo conforme va avanzando la barra de desplazamiento vertical. Si se piensa detenidamente, este tipo de animaciones pueden ser frustrantes para algunos usuarios porque pueden producir trastornos vestibulares que incluyen mareos, náuseas o dolores de cabeza.

Por ello, una de las técnicas que se puede utilizar es declarar una condición a través de consultas de medios de CSS.

```
@media (prefers-reduced-motion: reduce) {
    /* Reglas CSS para desactivar los efectos de movimiento no esenciales */
}
```

Lo que permite esta consulta de medios es que podamos reconfigurar el comportamiento de las animaciones si el usuario ha solicitado al sistema que se reduzcan la cantidad o el número de las mismas. No obstante, esta solución tiene algunos problemas de compatibilidad porque no está soportada por Microsoft Edge ni Internet Explorer.

Otra posibilidad es realizar dos versiones de estilos CSS, una con todas las animaciones y, otra, sin ellas. Después, en la página se habilita un control que el usuario puede cambiar a su gusto.

1.5.43 CC-2.4.1. Evitar bloques

NC	Propósito
A	Permitir que las personas que navegan de forma secuencial por el contenido mediante lectores de pantalla teclado ir directamente al contenido principal

Más información en:
https://www.w3.org/WAI/WCAG21/Understanding/bypass-blocks.html

ENTENDIMIENTO

Las personas que navegan por las páginas web utilizando lectores de pantalla pueden perder mucho tiempo escuchando todos los gráficos de encabezado y enlaces de navegación antes de empezar a poder centrarse en el contenido principal.

Un poco, pasa lo mismo cuando las personas que entran en las páginas utilizan magnificadores de pantalla, pierden mucho tiempo en encontrar dónde terminan los encabezados y dónde empieza el contenido principal.

Sin embargo, no sólo se puede hacer perder el tiempo a los usuarios que tienen o presentan algún tipo de discapacidad, también puede afectar a aquellas personas que, con o sin discapacidad, utilizan únicamente el teclado. Este tipo de navegantes pueden tener que hacer muchas pulsaciones de teclas para llegar a su objetivo y eso, al final, se convierte en tiempo.

MÉTODO PARA HACER CUMPLIR ESTA CONFORMIDAD

Una de las técnicas que más se suelen implementar es la agregación de un botón o enlace en la parte superior de cada página para ir directamente a la zona del contenido principal.

Otra de las técnicas es agregar un enlace o botón que permita saltar entre los diferentes bloques o secciones. La idea es situar una serie de enlaces en estos bloques o secciones que muevan el foco al contenido inmediatamente después del bloque o sección actual.

Como método alternativo es posible proporcionar una lista de enlaces que permitan ir directamente a los diferentes bloques o secciones del contenido. Esta lista se comportaría como una pequeña tabla de contenidos que establece el foco en las distintas zonas del contenido.

```
<a href="#" onclick="toggle('navbar')">Menu Enlaces</a>
<ul id="navbar">
    <li><a href="http://target1.html">Acerca de nosotros</a></li>
    <li><a href="http://target2.html">Servicios</a></li>
    <li><a href="http://target3.html">Portfolio</a></li>
    <li><a href="http://target4.html">Blog</a></li>
    <li><a href="http://target5.html">Contactar</a></li>
    <li><a href="http://target6.html">Buscar</a></li>
</ul>
```

Existen otras técnicas como proporcionar acceso programático a las secciones a través de los roles de la WAI ARIA para identificar las diferentes regiones de la página. Los valores asignables para estos puntos de referencia pueden establecerse mediante el atributo ARIA-ROLE.

- **BANNER:** Indica que la región o sección contiene el título principal o el título interno de la página.

- **COMPLEMENTARY:** Indica que es una sección que tiene contenido principal, pero es independiente y significativa por sí sola.

- **CONTENTINFO:** Indica que la sección contiene información relevante sobre el documento principal, como derechos de autor o enlaces a declaraciones de privacidad.

- **FORM:** Indica que la sección representa una colección de elementos de formulario, sean editables o no.

- **MAIN:** Indica la sección de contenido principal en un documento. Aunque puede darse el caso de que no, por norma general, una página tendrá una única región establecida a este valor.

- **NAVIGATION:** Indica que la sección contiene una colección de enlaces o acciones pensados para navegar por el sitio web.

- **SEARCH:** Indica que la sección o elemento tiene la función de buscador para el sitio web.

- **APPLICATION:** Indica que la región es una aplicación web, en vez de un documento web.

```
<div id="header" role="banner">...</div>
<div id="sitelookup" role="search">...</div>
<div id="nav" role="navigation">...</div>
<div id="content" role="main">...</div>
<div id="rightsideadvert" role="complementary">...</div>
<div id="footer" role="contentinfo">...</div>
```

Y otra técnica que se suele utilizar es estructurar los contenidos con cabeceras para cada bloque o sección. La razón es porque los encabezados, además de indicar el inicio del contenido principal y diferenciar diferentes secciones de navegación como son la navegación principal y secundaria (entre otras), también pueden permitir a los usuarios la capacidad de navegar por una página por secciones u omitir bloques repetidos de información.

```html
<h1>Búsqueda de términos</h1>

<h2>Menú de Navegación</h2>
<ul>
    <li><a href="about.htm">Acerca de Nosotros</a></li>
    <li><a href="services.htm">Servicios</a></li>
    <li><a href="contact.htm">Contactar</a></li>
</ul>

<h2>Búsqueda</h2>
<form action="search.php" role="form">
    <label for="searcher">
        <input id="searcher" role="search" />
    </label>
</form>

<h2>Términos de referencia</h2>
<ul>
    <li>Inicio</li>
    <li>Productos</li>
    <li>Smartphone barato</li>
</ul>

<h2>Resultados de la búsqueda</h2>
<div class="row">
    <div class="column-10">Marca / Descripción</div>
    <div class="column-2">Precio</div>
</div>
<div class="row">
    <div class="column-10">Samsung S7 Negro 32 GB Libre</div>
    <div class="column-2">167,00 €</div>
</div>
<!-- ... -->
```

1.5.44 CC-2.4.2. Título de la página

NC	Propósito
A	Asegurar que todas las páginas web contienen títulos representativos que describen el tema o propósito.

Más información en:
https://www.w3.org/WAI/WCAG21/Understanding/page-titled.html

ENTENDIMIENTO

Las personas que presentan una discapacidad visual total o parcial pueden tener problemas para diferenciar los contenidos cuando tienen varias páginas abiertas. Lo mismo sucede con las personas que presentan una discapacidad cognitiva, tienen una memoria limitada a corto plazo o poseen una discapacidad de lectura. Estas personas pueden tener problemas para identificar los contenidos abiertos.

Si ya nos metemos en personas con discapacidades severas de movilidad, la cosa puede llegar a ser peor, porque dependen de la navegación por voz para navegar.

Por tanto, lo que intenta este Criterio de Conformidad es ayudar a los usuarios a encontrar contenido y orientarse dentro de las páginas, asegurando que todas tienen un título descriptivo.

MÉTODO PARA HACER CUMPLIR ESTA CONFORMIDAD

Proporcionar a todas y cada una de las páginas web un título descriptivo en todos los documentos. Tanto los archivos HTML, como los XHTML poseen el elemento TITLE para definir en una frase simple el propósito del documento.

No obstante, los títulos descriptivos no sólo deben estar en las etiquetas TITLE, también deben utilizarse en el texto de los enlaces, porque los usuarios pueden navegar más rápidamente y con mayor precisión al contenido que les interesa.

```
<!doctype html>
<html lang="es" class="no-js">
    <head>
        <title> Página de inicio de islavisual.com </title>
    </head>
    <!-- ... -->
</html>
```

1.5.45 CC-2.4.3. Orden del foco

NC	Propósito
A	Garantizar que, cuando los usuarios naveguen de forma secuencial a través de contenidos, obtengan la información en un orden que es compatible con el sentido del contenido y puede ser operado a través del teclado.

Más información en:
https://www.w3.org/WAI/WCAG21/Understanding/focus-order.html

ENTENDIMIENTO

La forma para determinar el orden de navegación secuencial está definida por las tecnologías que se utilizan en el documento. Por ejemplo, para HTML la secuencia de orden en la navegación lo establece la tabulación, pero si se utiliza HTML5, puede cambiar puesto que existen atributos y propiedades que pueden hacer que se tome el foco en elementos que, en su origen, no lo debieran tomar.

En realidad, no importa cómo se implemente la secuencia de navegación, lo que importa es que tenga un sentido, siga un orden secuencial lógico y que pueda ser operado a través de teclado.

MÉTODO PARA HACER CUMPLIR ESTA CONFORMIDAD

Asegurar que todos los elementos que pueden interactuar con los usuarios reciban el foco en un orden lógico y secuencial.

Debido a que, cada tecnología puede definir un orden de tabulación específico por defecto, en la mayoría de casos, se hace necesario colocar los controles de forma manual. Para ello se puede utilizar la propiedad TABINDEX, que obliga a cumplir un orden concreto de tabulación.

```html
<fieldset>
    <legend>Formulario de Búsqueda</legend>

    <form id="search" action="#" method="post">
        <input id="domain"
                name="domain"
                type="text"
                placeholder="Introduzca el dominio a buscar aquí"
                tabindex="1"
                required
                autofocus />

        <button tabindex="2">
            <i class="fa fa-search"></fa>
            Buscar
        </button>

        <a href="#"
           tabindex="3"
           onclick="showDialog()">
                <i class="fa fa-info"></i>
        </a>
    </form>
</fieldset>
```

```
<!-- Modal -->
<div id="modal" class="modal modal-bg" role="dialog" aria-hidden="true">
    <div class="modal-dialog">
        <div class="modal-content">
            <h1>Caracteres admitidos</h1>

            <p>
                Los dominios deben de estar formados tan sólo por letras,
                números y se puede utilizar el guión (-), aunque este
                último no puede estar situado como último ni como primer
                carácter del dominio.
            </p>

            <p>
                Los dominios no pueden contener espacios, puntos (., :) ni
                caracteres especiales como &, %, $, /, (, ), =, ?, ¿, ",
                !.
            </p>

            <a href="#" tabindex="4" class="modal-close">X</a>
        </div>
    </div>
</div>
```

Como se puede observar en el código, el diálogo modal asociado al enlace se puede abrir y cerrar con el teclado.

No obstante, cabe destacar una última cosa. Cuando el usuario abandone el cuadro de diálogo modal en la página, se debe establecer el foco en el elemento o componente que lo obtuvo justo antes de mostrarse dicho diálogo modal, es decir, el foco debe situarse en el enlace que tiene asignado el TABINDEX igual a 3. Esto se puede hacer a través de una variable de JavaScript, que guarde el ID del elemento que lanzó la apertura del modal.

1.5.46 CC-2.4.4. Propósito de los enlaces (en su contexto)

NC	Propósito
A	Ayudar a los usuarios a entender el propósito de cada enlace para que puedan decidir si quieren seguirlo.

Más información en:
https://www.w3.org/WAI/WCAG21/Understanding/link-purpose-in-context.html

ENTENDIMIENTO

Las personas que presentan una discapacidad motora, con discapacidad cognitiva y/o discapacidad visual pueden llegar a tener problemas para identificar el propósito de los enlaces. Por ello, ayudarles a comprender el propósito de todos y cada uno de ellos debe ser algo prioritario.

Si se piensa un poco, el texto de los enlaces está diseñado para describir el propósito de los mismos, no para indicar el nombre de una acción. Si el enlace que se desea representar es un documento o una aplicación, para describir el propósito de dicho enlace se podría utilizar su nombre, pero ¿qué pasa si el enlace que se desea incluir no contiene texto?

Para los casos en los que se desea describir el propósito de un enlace que no tiene texto, como es una imagen o un icono, lo que normalmente se hace es establecer una propiedad TITLE sobre el propio enlace.

MÉTODO PARA HACER CUMPLIR ESTA CONFORMIDAD

Una de las técnicas que se pueden utilizar es describir el propósito de un enlace en el propio texto del enlace. Como la dirección de destino generalmente no es suficientemente descriptiva, la descripción permite al usuario distinguir ese enlace de los demás y le ayuda a determinar si desea seguir el enlace.

```
<a href="accessibility.html">
    Acceder al documento oficial sobre Accesibilidad Web
</a>
```

Si el enlace que se desea describir está, junto con otros, en una lista anidada, lo que se puede hacer es describir su propósito a partir del contexto proporcionado por el elemento de la lista que define la siguiente lista anidada.

```
<ul>
    <li>Informe de Presuspuestos para 2019
        <ul>
            <li><a href="prep2019.html">HTML</a></li>
            <li><a href="prep2019.pdf">PDF</a></li>
            <li><a href="prep2019.docx">Word</a></li>
        </ul>
    </li>
    <li>Presupuestos anteriores
        <ul>
            <li>Informe de Presuspuestos para 2018
                <ul>
                    <li><a href="prep2018.html">HTML</a></li>
                    <li><a href="prep2018.pdf">PDF</a></li>
                    <li><a href="prep2018.docx">Word</a></li>
```

```
            </ul>
          </li>
          <li>Informe de Presuspuestos para 2017
              <ul>
                  <li><a href="prep2017.html">HTML</a></li>
                  <li><a href="prep2017.pdf">PDF</a></li>
              </ul>
          </li>
          <li>Informe de Presuspuestos para 2016
              <ul>
                  <li><a href="prep2016.html">HTML</a></li>
                  <li><a href="prep2016.pdf">PDF</a></li>
              </ul>
          </li>
      </ul>
    </li>
  </ul>
```

Como se puede apreciar en el código, los elementos de las listas superiores proporcionan un contexto a los enlaces contenidos en la lista anidada, por lo que el objetivo de dar un sentido y propósito a los enlaces está conseguido. No obstante, el inconveniente que presenta esta técnica es que requiere que los usuarios naveguen por la lista elemento a elemento. Por lo tanto, esta técnica puede no ser apropiada para listas muy largas o muchos niveles de anidamiento.

Si el enlace no va a contener texto y, en su lugar, va a contener una imagen, lo que se puede hacer es recurrir al atributo ALT para describir el enlace como si del propio texto se tratase.

```
<a href="accessibility.html">
    <img src="./images/accessibility.png">
        alt="Acceder al documento oficial sobre Accesibilidad Web" />
</a>
```

Si se trata de un mapa de imágenes, se puede proporcionar una alternativa de texto que tenga el mismo propósito que las regiones seleccionables del mapa de la imagen.

```
<img src="map.png"
     usemap="#map1"
     alt="Áreas del recinto" />

<map id="map1" name="map1">
    <area shape="rect" coords="0,0,50,50" href="entrada.html"
        alt="Entrada" />
```

```
    <area shape="rect" coords="55,55,150,150" href="sala1.html"
        alt="Sala de Audiovisuales" />
</map>
```

Otra posibilidad es utilizar el atributo ARIA-LABELLEDBY, el cual, permite a los desarrolladores definir elementos de texto que están visibles como etiquetas para los elementos que pueden recibir el foco.

```
<p>
    <span id="report-title" tabindex="-1">
        Descargar Informe de Presuspuestos para 2019
    </span>:
    <a aria-labelledby="report-title pdf" href="#" id="pdf">PDF</a>
    <a aria-labelledby="report-title doc" href="#" id="doc">Word</a>
    <a aria-labelledby="report-title xls" href="#" id="ppt">Excel</a>
</p>
```

Sin embargo, si no hay un texto visible que sirva como etiqueta, lo que se puede hacer es describir el propósito de un enlace usando el atributo ARIA-LABEL. Este atributo, nos permitirá asignar una etiqueta de texto descriptivo a un objeto cuando no haya elementos visibles en la página que describan el objeto.

```
<p>
    El texto de los enlaces debe ser descriptivo para que determinadas ...
    <a href="accessibility.html"
      aria-label="Leer más sobre El propósito de los enlaces">
            Leer más...
    </a>
</p>
```

El uso de esta última técnica puede ser una muy buena idea porque, en algunas tecnologías de asistencia, el valor de esta etiqueta se mostrará en la lista de enlaces en lugar del texto del enlace real.

1.5.47 CC-2.4.5. Múltiples formas

NC	Propósito
AA	Hacer posible que los usuarios localicen el contenido de la manera que mejor se adapte a sus necesidades proporcionando más de un camino para localizar los contenidos, excepto cuando son resultados, pasos intermedios o procesos.

Más información en:
https://www.w3.org/WAI/WCAG21/Understanding/multiple-ways.html

ENTENDIMIENTO

Las personas con discapacidad cognitiva o limitaciones intelectuales pueden encontrar más sencillo utilizar las funciones de búsqueda de una página que utilizar la navegación jerarquizada prestablecida.

Por contra, las personas que tienen discapacidad visual pueden encontrar más fácil navegar a través de un menú de enlaces prestablecido que a través de una función de búsqueda, avanzada o no.

Y, por si fuera poco, luego están aquellas personas que, por su discapacidad o por sus preferencias encuentran más sencillo navegar por una tabla de contenidos o por un mapa del sitio.

Después de todo esto, uno puede no saber qué es mejor o menos costoso, tanto para el desarrollador como para el usuario. Pero, sea cual sea la decisión, no olvidemos que, ofrecer múltiples vías para acceder a la información puede ayudar a las personas, con o sin discapacidad, a encontrarla.

MÉTODO PARA HACER CUMPLIR ESTA CONFORMIDAD

Permitir que los usuarios encuentren información adicional proporcionando enlaces a páginas web relacionadas a través de menús de navegación, listas o tablas de contenidos u otras opciones similares.

La función de búsqueda puede ser también una estrategia de diseño que ofrezca a los usuarios una forma de encontrar contenido de forma rápida ya que se evita la necesidad de comprender o navegar a través de la estructura del sitio Web.

```
<header>
    <a href="https://www.islavisual.com" id="logo">Islavisual.com</a>

    <nav>
        <ul>
            <li>
                <a href="#logo">
                    <i class="icon-home"></i>
                    Inicio
                </a>
            </li>

            <li>
                <a href="#portfolio">
                    <i class="icon-thumbs-up-alt"></i>
                    Portfolio
                </a>
            </li>
```

```
        <li>
            <a href="#services">
                <i class="icon-gear"></i>
                Servicios
            </a>
        </li>

        <li>
            <a href="#contact">
                <i class="icon-phone"></i>
                Contactar
            </a>
        </li>

        <li>
            <a href="#search">
                <i class="icon-search"></i>
                <input type="text" id="search">
            </a>
        </li>
        </ul>
    </nav>
</header>
```

Aunque falta el código CSS, si ejecutásemos el código anterior podría tener un aspecto similar a lo siguiente:

Otra técnica que se suele implementar, de forma independiente a la Accesibilidad Web, es proveer a las Web de un sitemap. Un mapa del sitio es una página web que proporciona enlaces a diferentes secciones del sitio. Para que el sitemap esté disponible dentro del sitio, este debe estar accesible desde todas las páginas, habitualmente en el pie de página.

```xml
<?xml version="1.0" encoding="UTF-8"?>
<urlset xmlns="http://www.sitemaps.org/schemas/sitemap/0.9">
    <url>
        <loc>http://www.islavisual.com/inicio</loc>
        <lastmod>2005-01-01</lastmod>
        <changefreq>monthly</changefreq>
        <priority>0.8</priority>
```

```
    </url>
    <url>
        <loc>http://www.islavisual.com/portfolio</loc>
        <changefreq>weekly</changefreq>
    </url>
    <url>
        <loc>http://www.islavisual.com/servicios</loc>
        <lastmod>2005-01-02</lastmod>
        <changefreq>weekly</changefreq>
    </url>
    <url>
        <loc>http://www.islavisual.com/contactar</loc>
        <lastmod>2005-01-02</lastmod>
        <priority>0.3</priority>
    </url>
    <url>
        <loc>http://www.islavisual.com/buscar</loc>
        <lastmod>2005-01-03</lastmod>
    </url>
    <url>
        <loc>http://www.islavisual.com/blog/desarrollo-web</loc>
        <lastmod>2006-02-04</lastmod>
        <changefreq>weekly</changefreq>
    </url>
    <url>
        <loc>http://www.islavisual.com/blog/accesibilidad-web</loc>
        <lastmod>2006-02-04</lastmod>
        <changefreq>weekly</changefreq>
    </url>
    <url>
        <loc>http://www.islavisual.com/blog/usabilidad-web</loc>
        <lastmod>2006-02-04</lastmod>
        <changefreq>weekly</changefreq>
    </url>
  </urlset>
```

1.5.48 CC-2.4.6. Encabezados y etiquetas

NC	Propósito
AA	Ayudar a los usuarios a entender qué información está contenida en las páginas y cómo se organiza la información.

Más información en:
https://www.w3.org/WAI/WCAG21/Understanding/headings-and-labels.html

ENTENDIMIENTO

Cuando los encabezados y etiquetas son claros y descriptivos, los usuarios pueden encontrar la información de una manera más eficiente y con mayor facilidad, sin descontar que, normalmente, comprenden mejor las diferentes partes del contenido y a organizarse mejor.

Las etiquetas y encabezados no tienen por qué ser una expresión larga. De hecho, una palabra, o incluso un sólo carácter, puede ser suficiente si proporciona una forma adecuada para encontrar y navegar por el contenido.

MÉTODO PARA HACER CUMPLIR ESTA CONFORMIDAD

Hacer que los encabezados de sección dentro del contenido Web sean descriptivos. Cuando se utilizan encabezados y títulos descriptivos se proporciona a los usuarios una visión general del contenido y su organización. Los encabezados descriptivos identifican secciones del contenido en relación tanto con la página Web en su conjunto como con otras secciones de la misma página Web.

```html
<h1>Diseño centrado en la Accesibilidad Web</h1>
<h2>Pautas de Accesibilidad para el contenido web</h2>
<h3>Criterios de Conformidad</h3>
<h4>CC-2.4.6 - Encabezados y Etiquetas</h4>
```

Asegurar que las etiquetas de cualquier componente interactivo hagan que el propósito del componente quede claro. Por ejemplo, si se muestra un mapa en Google Maps y se da la opción de acercar o alejar los controles de deben describir con su atajo de teclado

```html
<a href="#" title="Pulse aquí para acercar o (Ctrl + Shift + L)">…</a>
<a href="#" title="Pulse aquí para alejar o (Ctrl + Mayús + R)">…</a>
```

1.5.49 CC-2.4.7. Visibilidad del foco

NC	Propósito
AA	Ayudar a los usuarios a saber qué elemento, entre los múltiples que hay en la página, tiene el foco del teclado de manera visual y predecible.

Más información en:
https://www.w3.org/WAI/WCAG21/Understanding/focus-visible.html

ENTENDIMIENTO

Las personas que presentan déficits de atención, limitaciones de memoria a corto plazo y las personas que tienen limitaciones para realizar procesos ejecutivos pueden encontrar problemas para identificar la secuencia del foco y su visualización.

MÉTODO PARA HACER CUMPLIR ESTA CONFORMIDAD

Asegurar que el elemento que toma el foco puede ser identificado visualmente por los usuarios a través del soporte del agente de usuario (navegador). Los agentes de usuario conformes UAAG que cumplen con el punto de verificación 10.2 "Resaltar selección, enfoque de contenido, elementos habilitados, enlaces visitados" poseen esta característica.

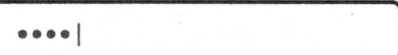

No obstante, se puede mejorar el aspecto visual a través de hojas de estilo para proporcionar retroalimentación visual cuando un elemento interactivo tiene el foco o cuando un usuario se sitúa sobre él utilizando un dispositivo señalador.

```
<style>
    /* Estilos cuando los elementos no tienen el foco */
    form            { display: inline-block; padding 5px; width: 100%; }
    form > input    { padding: 4px; margin: 5px 0; border: 1px solid #888 }
    form > textarea {
      display: block; padding: 4px; margin: 5px 0;
      width: calc(100% - 10px); border: 1px solid #888
    }

    /* Estilos cuando los elementos tienen el foco */
    input:focus,
    textarea:focus {
        background: #003399; color: #fff;
        border:1px solid #fff; box-shadow: 0 0 4px 1px #000;
    }
</style>

<fieldset>
    <legend>Formulario de contacto</legend>

    <h4>Contacta con nosotros y te responderemos en menos de 24 horas!</h4>

    <form id="contact" action="" method="post">
```

```
            <input id="name"
                   name="name"
                   type="text"
                   placeholder="Tu nombre"
                   required
                   autofocus />

            <input id="email"
                   name="email"
                   type="email"
                   placeholder="Correo electrónico para responderte"
                   required />

            <input id="phone"
                   name="phone"
                   type="tel"
                   placeholder="Teléfono de contacto (opcional)" />

            <input id="web"
                   name="web"
                   type="url"
                   placeholder="Sitio Web (opcional)" />

            <textarea id="message"
                      name="message"
                      placeholder="Escribe aquí tu mensaje"
                      required>
            </textarea>

            <button id="submit"
                    name="submit"
                    type="submit"
                    data-submit="...Enviando"
                    accesskey="e">
                Enviar mensaje
            </button>
        </form>
    </fieldset>
```

Sólo por tener una referencia un poco más clara, si ejecutásemos el anterior código, el resultado sería algo como:

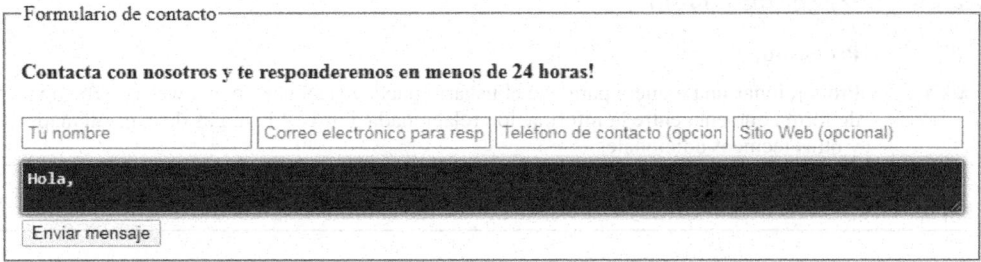

Aunque puede no ser una buena práctica, también existe la posibilidad de utilizar JavaScript para aplicar CSS, con el fin de hacer que el indicador de enfoque sea más visible de lo que normalmente sería.

```
<script>
    function addFocus(el){
        el.classList.add("focused");
    }

    var items = document.querySelectorAll("#contact > *");
    for(var i = 0; i < items.length; i++){
        items[i].onfocus = function(){
            for(var x = 0; x < items.length; x++){
                items[x].classList.remove("focused");
            }

            addFocus(this);
        }

        items[i].onblur = function(){
            for(var x = 0; x < items.length; x++){
                items[x].classList.remove("focused");
            }

            addFocus(this);
        }
    }
</script>
```

La clase FOCUSED se supone que tiene las mismas propiedades que fueron definidas a través del pseudoselector :FOCUS comentado en el ejemplo de CSS en el ejemplo anterior. Cuando un elemento reciba el foco, recorrerá todos los elementos del formulario y les eliminará la clase FOCUSED. Seguidamente, al que toma el foco se la añade para conseguir que sea visualmente distinto.

1.5.50 CC-2.4.8. Ubicación

NC	Propósito
AAA	Proporcionar una manera para que el usuario pueda orientarse en una web o web app de forma que encuentre la información relacionada a través de migas de pan, sitemaps y otras técnicas adicionales.

> **Más información en:**
> https://www.w3.org/WAI/WCAG21/Understanding/location.html

MÉTODO PARA HACER CUMPLIR ESTA CONFORMIDAD

Entre otras razones, las personas que presentan déficits de atención pueden encontrar problemas al avanzar sobre una larga lista de pasos de navegación.

Un rastro de migas de pan, por ejemplo, permite a los usuarios saber qué camino siguieron hasta llegar a la página dónde se encuentran actualmente y volver a pasos anteriores, si lo desean.

Un sitemap es un archivo que proporciona información sobre todo el contenido del sitio por lo que, entre otras cosas, permite que cualquier tipo de usuario, con o sin discapacidad, con o sin déficit de atención, …, pueda acceder directamente a la información del sitio web.

MÉTODO PARA HACER CUMPLIR ESTA CONFORMIDAD

Asegurarse de que las páginas poseen migas de pan para ayudar al usuario a visualizar cómo está estructurado el contenido y cómo volver a páginas anteriores.

```
<style>
    nav, h2, ul, ul li  { display: inline;}
    nav > h2            { font-size: 1em; }
    ul                  { padding-left: 0em; }
    li a                { font-weight: bold; color: #000; }
</style>

<nav aria-label="Miga de pan">
    <h2>Estás aquí:</h2>
    <ul>
        <li><a href="/">&#x1F3E0;</a> /</li>
        <li><a href="/electronics/">Blog</a> /</li>
        <li><a href="/electronics/computers/">Accesibilidad Web</a> /</li>
        <li>CC-2.4.8 Ubicación</li>
    </ul>
</nav>
```

Sólo por tener una referencia un poco más clara, si ejecutásemos el anterior código, el resultado sería algo como:

Tú está aquí: 🏠 / **Blog** / **Accesibilidad Web** / CC-2.4.8 Ubicación

También es posible proporcionar información añadida sobre la ubicación actual a través de un menú de navegación. Esta técnica es especialmente útil cuando las páginas web son pasos de una tarea que debe procesarse en un orden concreto. Proporcionar esta indicación ayuda al usuario a comprender mejor dónde está en la secuencia del proceso o tarea. La ubicación puede indicarse añadiendo un icono o texto, o cambiando el estado del elemento.

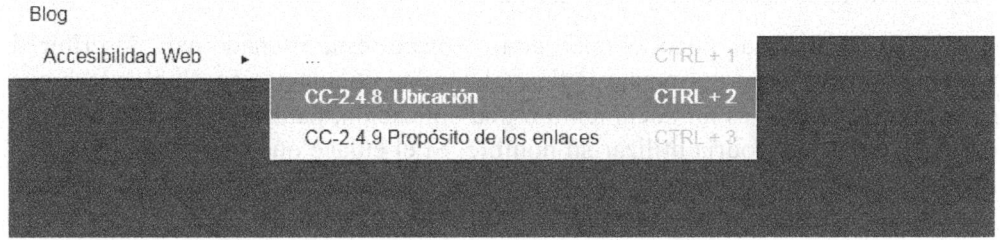

Y otra técnica muy utilizada es proporcionar a los usuarios un sitemap que facilite todos los enlaces a las diferentes secciones del sitio.

```xml
<?xml version="1.0" encoding="UTF-8"?>
<urlset xmlns="http://www.sitemaps.org/schemas/sitemap/0.9">
    <url>
        <loc>http://www.islavisual.com/inicio</loc>
        <lastmod>2019-12-26</lastmod>
        <changefreq>monthly</changefreq>
        <priority>0.8</priority>
    </url>
    <url>
        <loc>http://www.islavisual.com/blog/accessibility/cc-2-4-8</loc>
    </url>
    ...
```

Para que el sitemap esté disponible dentro del sitio, este debe estar accesible desde todas las páginas, habitualmente en el pie de página.

1.5.51 CC-2.4.9. Propósito de los enlaces

NC	Propósito
AAA	Ayudar a los usuarios a entender el propósito de cada enlace en el contenido, para que puedan decidir si quieren seguirlo o no.

Más información en:
https://www.w3.org/WAI/WCAG21/Understanding/link-purpose-link-only.html

ENTENDIMIENTO

Las personas que presentan una discapacidad motora, con discapacidad cognitiva y/o discapacidad visual pueden llegar a tener problemas para identificar el propósito de los enlaces. Por ello, ayudarles a comprender el propósito de todos y cada uno de ellos debe ser algo prioritario.

Si se piensa un poco, el texto de los enlaces está diseñado para describir el propósito de los mismos, no para indicar el nombre de una acción. Si el enlace que se desea representar es un documento o una aplicación, para describir el propósito de dicho enlace se podría utilizar su nombre. Si el enlace que se desea representar no tiene texto, como es una imagen o un icono, se puede establecer una propiedad TITLE sobre el propio objeto.

Este Criterio de Conformidad es exactamente igual al descrito por el Criterio de Conformidad 2.4.4, con la salvedad de que no permite que haya enlaces que tengan el mismo texto y vinculen a lugares diferentes. Es decir, no puede haber más de un enlace con el texto "Leer más…", no puede haber más de un enlace que sea descrito como HTML o PDF, etcétera, como ocurría en el Criterio de Conformidad 2.4.4.

MÉTODO PARA HACER CUMPLIR ESTA CONFORMIDAD

Una de las técnicas que se pueden utilizar es describir el propósito de un enlace en el propio texto del enlace. Como la dirección de destino generalmente no es suficientemente descriptiva, la descripción permite al usuario distinguir ese enlace de los demás y le ayuda a determinar si desea seguir el enlace.

```
<a href="accessibility.html">
    Acceder al documento oficial sobre Accesibilidad Web
</a>
```

Si el enlace que se desea describir está, junto con otros, dentro de una lista, anidada o no, lo que se puede hacer es describir su propósito a partir de un elemento oculto incrustado en cada enlace.

```
<style>
.hidden {
    clip-path: inset(100%);
    clip: rect(1px, 1px, 1px, 1px);
    height: 1px;
    overflow: hidden;
    position: absolute;
    white-space: nowrap;
    width: 1px;
}
</style>

<ul>
    <li>El Hobbit
        <a href="elhobbit.pub">
            <span class="hidden">El Hobbit </span>PUB
        </a>
        <a href="elhobbit.pdf">
            <span class="hidden">El Hobbit </span>PDF
        </a>
    </li>
    <li>Trilogía el Señor de los Anillos
        <a href="elseniordelosanillos.pub">
            <span class="hidden">Trilogía Señor de los Anillos </span>PUB
        </a>
        <a href="elseniordelosanillos.pdf">
            <span class="hidden">Trilogía Señor de los Anillos </span>PDF
        </a>
    </li>
</ul>
```

Si ejecutásemos el código anterior, comprobaríamos que el texto del enlace no es totalmente visible, es decir, en la pantalla no se muestra "El Hobbit PUB", sólo se muestra "PUB". Sin embargo, las tecnologías de asistencia sí que son capaces de leer todo su contenido e informar adecuadamente a los usuarios que las utilizan.

Si el enlace no va a contener texto y, en su lugar, va a contener una imagen, lo que se puede hacer es recurrir al atributo ALT para describir el enlace como si del propio texto se tratase.

```
<a href="accessibility.html">
    <img src="./images/accessibility.png">
        alt="Acceder al documento oficial sobre Accesibilidad Web" />
</a>
```

Si se trata de un mapa de imágenes, se puede proporcionar una alternativa de texto que tenga el mismo propósito que las regiones seleccionables del mapa de la imagen.

```html
<img src="map.png"
     usemap="#map1"
     alt="Áreas del recinto" />

<map id="map1" name="map1">
    <area shape="rect" coords="0,0,50,50" href="entrada.html"
          alt="Entrada" />

    <area shape="rect" coords="55,55,150,150" href="sala1.html"
          alt="Sala de Audiovisuales" />
</map>
```

Otra posibilidad es utilizar el atributo ARIA-LABELLEDBY, el cual, permite a los desarrolladores definir elementos de texto que están visibles como etiquetas para los elementos que pueden recibir el foco.

```html
<p>
    <span id="report-title" tabindex="-1">
        Descargar Informe de Presuspuestos para 2019
    </span>:
    <a aria-labelledby="report-title pdf" href="#" id="pdf">PDF</a>
    <a aria-labelledby="report-title doc" href="#" id="doc">Word</a>
    <a aria-labelledby="report-title xls" href="#" id="ppt">Excel</a>
</p>
```

Sin embargo, si no hay un texto visible que sirva como etiqueta, lo que se puede hacer es describir el propósito de un enlace usando el atributo ARIA-LABEL. Este atributo, nos permitirá asignar una etiqueta de texto descriptivo a un objeto cuando no haya elementos visibles en la página que describan el objeto.

```html
<p>
    El texto de los enlaces debe ser descriptivo para que determinadas ...
    <a href="accessibility.html"
       aria-label="Leer más sobre El propósito de los enlaces">
            Leer más...
    </a>
</p>
```

El uso de esta última técnica puede ser una muy buena idea porque, en algunas tecnologías de asistencia, el valor de esta etiqueta se mostrará en la lista de enlaces en lugar del texto del enlace real.

1.5.52 CC-2.4.10. Encabezados de sección

NC	Propósito
AAA	Proporcionar encabezados en las secciones de una página Web, cuando ésta se encuentra organizada por secciones.

Más información en:
https://www.w3.org/WAI/WCAG21/Understanding/section-headings.html

ENTENDIMIENTO

Las personas que presentan una discapacidad visual total y aquellas que tienen discapacidad de aprendizaje pueden encontrarse con problemas si se informa de forma adecuada.

El uso de encabezados no sólo ayuda a las personas que tienen algún tipo de discapacidad, también ayuda a todas las demás porque, informa de manera ordenada y jerarquizada de la estructura de los documentos, lo que hace que, además, puedan acceder más rápidamente a la información.

Cabe destacar que no siempre es posible insertar encabezados a los contenidos web, sobre todo si ya están publicados, porque no se pueden insertar más encabezados de los que el autor ya insertó. Aun así, si un documento se puede dividir en secciones, debe de hacerse porque facilita la compresión y la navegación.

MÉTODO PARA HACER CUMPLIR ESTA CONFORMIDAD

Hacer que el título del documento y los encabezados de cada sección sean descriptivos y jerarquizados. Cuando se utilizan encabezados y títulos descriptivos se proporciona a los usuarios una visión general del contenido y su organización. Los encabezados descriptivos identifican secciones del contenido en relación tanto con la página Web en su conjunto como con otras secciones de la misma página Web.

```
<h1>Diseño centrado en la Accesibilidad Web</h1>
<h2>Pautas de Accesibilidad para el contenido web</h2>
<h3>Criterios de Conformidad</h3>
<h4>CC-2.4.10 - Encabezados de sección</h4>
<a href="tecnicasSuficientes.html">Técnicas Suficientes</a>
<a href="tecnicasAsesoramiento.html">Técnicas de asesoramiento</a>
```

1.5.53 CC-2.5.1. Gestos del puntero

NC	Propósito
A	Garantizar que el contenido puede controlarse con múltiples dispositivos señalizadores diferentes, habilidades y tecnologías de asistencia.

Más información en:
https://www.w3.org/WAI/WCAG21/Understanding/pointer-gestures.html

ENTENDIMIENTO

Si se investiga un poco, nos encontraremos con que hay personas a las que les resulta bastante difícil realizar gestos de manera precisa y que otras, además, utilizan dispositivos de entrada especializados o adaptados, sistemas de mirada y dispositivos señalizadores controlados por voz.

Como se podrá suponer, algunos de estos dispositivos carecen de la capacidad o precisión para realizar gestos multipunto o basados en rutas.

Para los que no lo sepan, los gestos multipunto son aquellos en los que el usuario debe utilizar varios dedos o puntos de contacto para dar a entender una acción. Aquí es donde entran, por ejemplo, los gestos de mover los dedos hacia dentro (como pellizcando) para indicar una acción de alejamiento o mover los dedos hacia afuera para indicar una acción de acercamiento.

Los gestos de basados en rutas, en cambio, son algo más complicados. Son aquellos en los que se utilizan uno o varios puntos de contacto y en donde la acción la define el camino que conforman dichos puntos. Por ejemplo, mover un dedo un lado a otro para indicar que se avance o retroceda en un contenido.

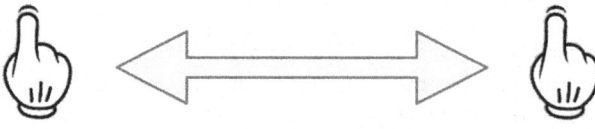

Cabe destacar que, no todos los gestos basados en rutas están contemplados por este Criterio de Conformidad. Por ejemplo, los gestos que implican una acción de arrastrar y soltar no entran dentro de su alcance debido a que, en este tipo de gestos, lo importante no es la ruta, sino el inicio y final de la operación en sí.

Tampoco tienen cabida en este Criterio de Conformidad las acciones que, aunque implican un gesto basado en rutas, no son relevantes en su resultado. Por ejemplo, ingresar su firma puede estar inherentemente basado en la ruta (aunque no es necesario que reconozca algo o confirme su identidad).

No obstante, siempre que se pueda, se debe proporcionar una alternativa a los gestos multipunto o basados en rutas que utilicemos.

MÉTODO PARA HACER CUMPLIR ESTA CONFORMIDAD

Asegurarse de que todo el contenido de la página web puede ser operado sin requerir gestos multipunto ni basados en rutas. Es decir, pueden implementarse este tipo de gestos en una interfaz, pero de ser así, debe haber otros métodos para poder realizar la misma acción.

Por ejemplo, si se desea implementar los gestos táctiles de expandir y contraer para acercar o alejar las imágenes de una página, se podría desarrollar un componente que, manteniendo el botón derecho del ratón, hiciese zoom de acercar o alejar en función de si mueve el puntero hacia arriba o hacia abajo.

En el mismo ejemplo, otra posibilidad sería insertar un control deslizante (un slider o input de tipo range de HTML) o dos botones en la interfaz para hacer que la imagen que se está mostrando realice una acción de acercamiento o alejamiento.

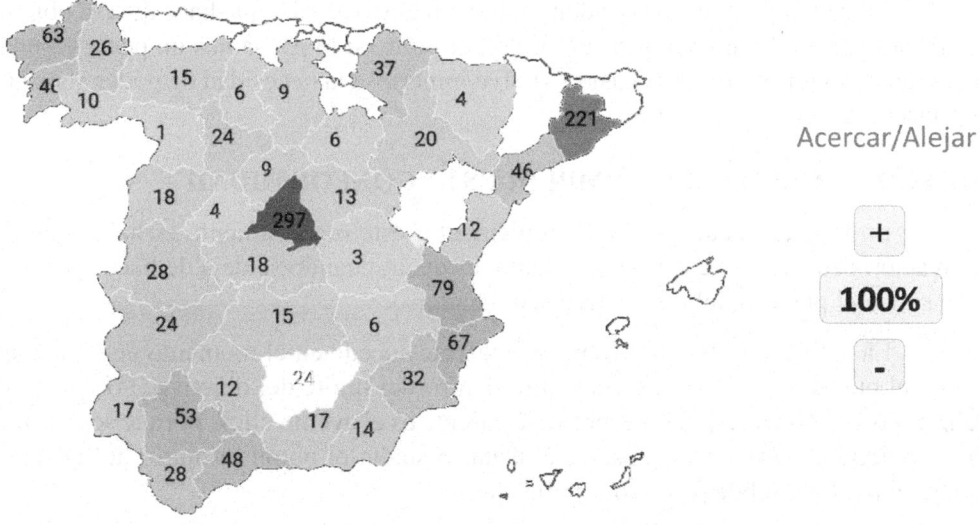

1.5.54 CC-2.5.2. Cancelación del puntero

NC	Propósito
A	Asegurar que los usuarios pueden evitar la entrada accidental o errónea del ratón o dispositivo señalizador.

Más información en:
https://www.w3.org/WAI/WCAG21/Understanding/pointer-cancellation.html

ENTENDIMIENTO

Las personas que presentan una discapacidad visual y aquellas que tienen una limitación cognitiva o deficiencia motora pueden activar accidentalmente o provocar una acción errónea con mayor frecuencia de lo esperado.

Evidentemente, no es una problemática que sólo esté en este presente en este tipo de usuarios. También lo podemos encontrar en personas sin discapacidad puesto que todos pueden cometer errores u obtener resultados inesperados.

Por ejemplo, cuando un usuario realiza una operación de arrastrar y soltar, en el sistema o interfaz, se distinguen dos tipos de eventos. El primero de ellos, es el que se describe como descendente y suele ser identificado por la acción de presionar. El segundo, se describe como ascendente y suele ser identificado por la acción de soltar.

Entre estos dos eventos, además, hay un gesto de ruta que hace que, el objeto se traslade del punto inicial al punto final. Por tanto, si lo pensamos un poco, en una tarea tan compleja como esta, casi se vuelve imperiosa la necesidad de poder abortar, deshacer o cancelar dicha tarea.

MÉTODO PARA HACER CUMPLIR ESTA CONFORMIDAD

La forma más accesible de implementar este requerimiento es hacer que la activación ocurra en el evento ascendente, es decir, cuando se deja de hacer presión o se suelta el puntero del dispositivo señalizador.

La activación de este evento ascendente sucede en el momento en el que se suelta el puntero y, el foco, se encuentra dentro del límite del objetivo. Por tanto, y refiriéndonos a JavaScript, un evento ascendente es el evento click, porque se dispara en el objetivo seleccionado cuando el usuario suelta el botón primario del ratón o suelta el puntero del dispositivo señalizador.

Por ejemplo, si lo que se desea es hacer accesible una operación de arrastrar y soltar, se debe dar la posibilidad de abortar, deshacer o cancelar dicha operación.

Para implementar esta posibilidad, se puede diseñar un diálogo emergente que se muestre en la acción de soltar.

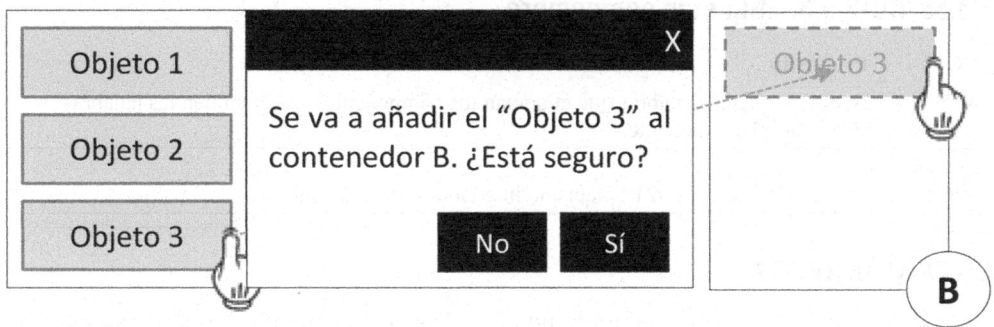

También es posible implementar un botón de deshacer o un botón de eliminación asociado al contenedor, es decir, si el clic se realiza sobre un objeto dentro del contenedor destino, se toma como una acción de deshacer o eliminar.

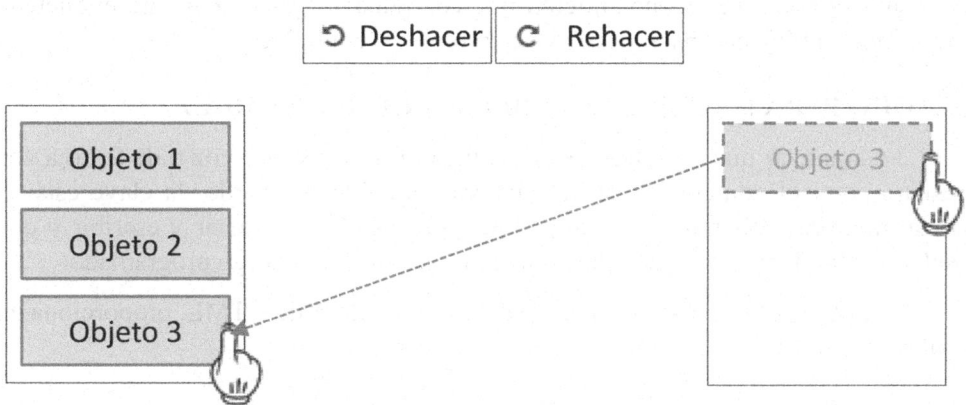

Cabe destacar que, si el usuario suelta el objeto en el contenedor de origen, por propia definición, se vuelve una operación de cancelar.

Si lo que se desea es hacer accesible es un diálogo emergente que ha aparecido al pulsar en un elemento de la página, lo que se puede hacer, además de habilitar un botón de cerrar, es habilitar el evento clic cuando se pulsa fuera del diálogo para que se cancele lo que se está haciendo.

En resumen, toda acción en la que intervenga el puntero señalizador debe tener una acción de marcha atrás.

1.5.55 CC-2.5.3. Etiquetas con nombre

NC	Propósito
A	Asegurar que las palabras que etiquetan los componentes sean también las palabras asociadas al componente.

Más información en:
https://www.w3.org/WAI/WCAG21/Understanding/label-in-name.html

ENTENDIMIENTO

Cuando se está programando una interfaz, los desarrolladores suelen asociar las etiquetas a los elementos de formulario. Al texto visible de esas etiquetas es a lo que se denomina nombre accesible.

Si el texto de la etiqueta coincide con el nombre accesible, la experiencia de usuario es mucho mejor a nivel global porque las personas que utilizan herramientas de asistencia como el reconocimiento por voz pueden aprovechar este etiquetado para navegar utilizando palabras clave coherentes y confiables.

MÉTODO PARA HACER CUMPLIR ESTA CONFORMIDAD

Garantizar que los usuarios que utilizan la entrada por voz o de texto a voz puedan operar el contenido web de manera confiable. Para ello, la clave está en utilizar nombres coherentes y reconocibles, fáciles de pronunciar y escribir y que puedan ser fuertemente vinculados, mediante evidencia o código programado.

Por ejemplo, el texto de anclaje de un elemento A de HTML, proporciona un nombre accesible.

```
<p>Ir al blog de <a href="accessibility.html">Accesibilidad Web</a></p>
```

Si se están describiendo contenidos textuales, se puede combinar un enlace con el encabezado para proporcionar un contexto. Esto es posible a través de la propiedad ARIA-LABELLEDBY.

```
<h4 id="pobre">Nombres de enlaces sin contexto invaden la comunidad</h4>
<p>
    Los desarrolladores están llenando Internet de enlaces que no aport...
    <a href="poor.html" aria-labelledby="generico pobre">
        <span id="generico">Leer más...</span>
    </a>
</p>
```

Si nos fijamos en el código anterior, el contexto del enlace viene establecido por las palabras clave "genérico" y "pobre". La ventaja de esta implementación es que utiliza texto visible en la página y, por lo tanto, es más probable que se traduzca correctamente durante cualquier transformación de localización.

Si se están diseñando formularios, otro método es asignar en el atributo FOR del elemento LABEL el ID del elemento de formulario para proporcionar el nombre de entrada.

```
<label for="email">Correo electrónico:</label>
<input type="text"
       id="email"
       name="email" />
```

Aunque, en el caso de los botones, el texto visible de un elemento BUTTON puede proporcionar un nombre accesible por sí mismo.

```
<button>Enviar mensaje</button>
```

Si lo que se tiene es una agrupación de elementos de formulario, el nombre accesible lo puede asignar el elemento predecesor que contextualiza, clasifica o explica el grupo.

```
<fieldset>
    <legend>Eres mayor de edad?</legend>

    <input type="radio" id="yes" name="greaterThan" value="yes">
    <label for="yes">Sí</label>

    <input type="radio" id="no" name="greaterThan" value="no">
    <label for="no">No</label>
</fieldset>
```

En este caso, la contextualización de para qué son los elementos de formulario viene establecida por el elemento LEGEND de la estructura FIELDSET.

Cabe destacar que, aunque las etiquetas de las cajas de texto, desplegables y demás elementos de formulario suelen estar alineadas a la izquierda, también se puede recurrir a una estructura apilada, es decir, como una típica estructura de un formulario de login o acceso.

1.5.56 CC-2.5.4. Actuación por movimiento

NC	Propósito
A	Asegurar que todas las funciones que sean activadas por un movimiento físico del dispositivo puedan ser utilizadas a través de otros componentes de la interfaz más comunes o convencionales.

Más información en:
https://www.w3.org/WAI/WCAG21/Understanding/motion-actuation.html

ENTENDIMIENTO

Es frecuente ver como los usuarios giran un dispositivo móvil para ver una foto y seguidamente, para saltar a la siguiente, hacen un movimiento con el dedo de derecha a izquierda.

Puede que las acciones anteriormente comentadas parezcan sencillas, pero no todas las personas pueden hacerlo. De hecho, las personas que presentan un déficit de movimiento, con problemas motores o aquellas que utilizan dispositivos que están montados sobre una estructura fija pueden verse incapaces de realizar ciertas acciones como girar el dispositivo o deslizar el dedo para pasar a otra imagen.

Por lo tanto, aunque las interfaces puedan tener una respuesta al movimiento, se deben implementar otros mecanismos para realizar las mismas funcionalidades, por si la característica de movilidad no pudiera ser utilizada.

MÉTODO PARA HACER CUMPLIR ESTA CONFORMIDAD

Proporcionar un botón que inhabilite las funciones dependientes de cualquier gesto o movimiento o, en su defecto, añadir a la interfaz unos botones que realicen las acciones equivalentes al movimiento o gesto requerido.

Una acción de "pellizcar" la pantalla que, por ejemplo, suele equivaler a una acción de alejar, se podría poner un botón de decrementar el zoom.

Una acción de agitar o sacudir el móvil que, habitualmente, suele equivaler a deshacer la última operación, podría ser reforzada por un botón que dijese "deshacer" o un botón con el icono de una flecha formando una semicircunferencia apuntando hacia la izquierda.

1.5.57 CC-2.5.5. Tamaño del objetivo

NC	Propósito
AAA	Asegurar que el tamaño de los objetivos sean lo suficientemente grandes como para que los usuarios puedan activarlos fácilmente.

Más información en:
https://www.w3.org/WAI/WCAG21/Understanding/target-size.html

ENTENDIMIENTO

Esta idea tiene mucho que ver con la Ley de Fitts porque, cuanto más pequeño es un objetivo, más tiempo se tarda en llegar a él y más difícil resulta hacer clic en él.

Pongamos un ejemplo. Si un usuario está utilizando un dispositivo móvil con una pantalla pequeña y, el botón dónde tiene que pulsar es muy pequeño, puede que ejecutar la acción sea un poco imposible.

Si a todo esto, le añadimos que, algunos diseños responsive no están del todo bien pensados, el problema puede ser aún mayor porque el espacio es limitado y los desarrolladores quieren presentar una gran cantidad de información, supuestamente, relevante.

Por tanto, aunque este Criterio de Conformidad establece un tamaño mínimo para los objetivos, como recomendación, se sugiere utilizar tamaños más grandes para que los usuarios reduzcan la posibilidad de realizar acciones involuntarias.

MÉTODO PARA HACER CUMPLIR ESTA CONFORMIDAD

Garantizar que los objetivos táctiles tengan, al menos, una altura de 44 píxeles y una anchura de, como mínimo 44 píxeles. Esto incluye a todo tipo de objetivos, es decir, enlaces, botones textuales o gráficos, inputs, casillas de verificación, elementos de tipo radio, y todo aquello que conlleve una acción cliqueable.

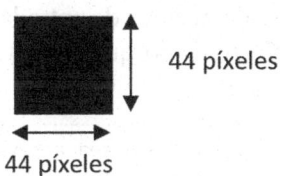

44 píxeles

44 píxeles

También suele ser una buena opción proporcionar un mecanismo para cambiar el tamaño del objetivo independientemente de la ampliación como hace el elemento textarea de HTML.

1.5.58 CC-2.5.6. Mecanismos de entrada concurrentes

NC	Propósito
AAA	Asegurar que las personas puedan utilizar y seleccionar diferentes modos de entrada al interactuar con el contenido.

Más información en:
https://www.w3.org/WAI/WCAG21/Understanding/concurrent-input-mechanisms.html

ENTENDIMIENTO

Las personas que presentan problemas de movilidad pueden requerir el uso del ratón para unas tareas concretas y el teclado para otras. Sin embargo, esta no es la única premisa para tener en cuenta este requerimiento puesto que, también podemos encontrarnos con personas que, aun no teniendo problemas de movilidad, requieren otra forma de interactuar con el contenido.

Puede que algunas de ellas tengan un mecanismo externo conectado que les impida utilizar el mecanismo por defecto (como pueda ser un teclado externo que anula la pantalla táctil) o puede que otras, simplemente, necesiten más tiempo para completar las tareas porque son más lentas escribiendo o introduciendo datos.

Por estas razones, aunque se decida implantar un mecanismo por defecto, se deben suministrar otras formas de entrada para que los usuarios que requieren un tipo de entrada de datos en particular puedan ejecutar las tareas sin problemas sin sentirse limitados.

El contenido, por tanto, nunca debe imponer restricciones ni establecer límites en la interacción del usuario requiriendo un mecanismo determinado, a menos que dichas restricciones o limitaciones sean esenciales para garantizar la seguridad del contenido, respetar la configuración del usuario o su correcto funcionamiento.

MÉTODO PARA HACER CUMPLIR ESTA CONFORMIDAD

Utilizar los manejadores de eventos de entrada genéricos de JavaScript como puedan ser FOCUS, BLUR o CLICK, porque permiten la activación de la inmensa mayoría de mecanismos de entrada.

```
var target = ...; /* Elemento dónde se desea activar el manejador. */
target.addEventListener("focus", function(e) {
    /* Lógica necesaria */
});

target.addEventListener("focus", function(e) {
    /* Lógica necesaria */
});

target.addEventListener("click", function(e) {
    /* Lógica necesaria */
});
```

Aunque, también es posible realizar el registro de los manejadores de eventos de forma simultánea para aumentar el número de dispositivos reconocibles. Puede que esto parezca complicado, pero, en realidad, son sólo una serie de condicionantes que se deben añadir al código.

```javascript
var target = ...; /* Elemento dónde se desea activar el manejador. */

if('ontouchstart' in window || navigator.MaxTouchPoints > 0){
    target.addEventListener("touchstart", function(e) {
        e.preventDefault();
        /* Lógica necesaria */
    });

} else if(window.PointerEvent){
    target.addEventListener("pointerdown", inputType);

} else {
    target.addEventListener("mousedown", function(e) {
        e.preventDefault();
        /* Lógica necesaria */
    });
}

function detectInputType(event) {
    switch(event.pointerType) {
        case "mouse":
            mouseMethods(); /* funcionalidad si utiliza ratón */
            break;
        case "pen":
            penMethods(); /* funcionalidad si utiliza lápiz */
            break;
        case "touch":
            touchMethods(); /* funcionalidad si utiliza pantalla táctil */
            break;
        default:
            /* No se pudo detectar o es un tipo personalizado */
    }
}
```

1.5.59 CC-3.1.1. Idioma de la página

NC	Propósito
A	Asegurar que se está informando del idioma utilizado a los agentes de usuario para que ellos puedan actuar en consecuencia y cambiar reglas de pronunciación, agregar subtítulos, etcétera.

Más información en:
https://www.w3.org/WAI/WCAG21/Understanding/language-of-page.html

MÉTODO PARA HACER CUMPLIR ESTA CONFORMIDAD

Identificar el idioma predeterminado del documento estableciéndolo a través de los atributos LANG o XML:LANG, según sea su tipo.

Esta parametrización es importante por varias razones:

▶ Permite que el software de traducción braille sustituya los códigos de control por caracteres acentuados e inserte los códigos de control necesarios para evitar la creación errónea de las contracciones braille de Grado 2.

▶ Los sintetizadores de voz que soportan múltiples idiomas podrán orientarse y adaptarse a la pronunciación y a la sintaxis propia del lenguaje de la página, hablando el texto con un acento y pronunciación adecuados.

▶ Puede beneficiar la evolución futura de la tecnología ya que, por ejemplo, los usuarios que no sean capaces de traducir diferentes lenguas podrán utilizar las máquinas para traducirlas.

▶ Puede ayudar a los agentes del usuario a proporcionar definiciones utilizando un diccionario.

```html
<html lang="es">
    <head>
        <title>Usabilidad Web en español</title>
    </head>
</html>

<html lang="es" xml:lang="es" xmlns="http://www.w3.org/1999/xhtml">
    ...
</html>
```

1.5.60 CC-3.1.2. Idioma de las partes

NC	Propósito
AA	Asegurar que los agentes de usuario puedan presentar correctamente el contenido escrito en otros idiomas a excepción de los nombres propios, términos técnicos, palabras del leguaje indeterminado y expresiones que se han heredado o convertido en nativas como parte del texto inmediatamente circundante.

Más información en:
https://www.w3.org/WAI/WCAG21/Understanding/language-of-parts.html

ENTENDIMIENTO

Tal y como se comenta en el CRITERIO DE CONFORMIDAD 3.1.1, si un documento es HTML, se debe utilizar el atributo LANG para establecer el idioma del documento o un rango de texto. Pero ocasionalmente, el idioma del texto y el contenido del elemento están en idiomas diferentes. Esto ocurre, por ejemplo, cuando la página está en un idioma concreto pero el texto que se presenta está en otro, como un proverbio en su lengua original o un enlace a una traducción en otro idioma.

MÉTODO PARA HACER CUMPLIR ESTA CONFORMIDAD

Identificar el idioma predeterminado del documento estableciéndolo a través de los atributos LANG o XML:LANG, según sea su tipo.

```
<a href="#" lang="de" translate="no" dir="auto">Deutsch</a>
<a href="#" lang="en" translate="no" dir="auto">English</a>
<a href="#" lang="fr" translate="no" dir="auto">Français</a>
<a href="#" lang="pt" translate="no" dir="auto">Português</a>
```

También es posible definir un atributo LANG compuesto por el idioma y su variación. No obstante, aunque la variación o subcódigo es opcional, puede ser útil en ciertos momentos.

```
<blockquote lang="en-US">
    <p>
        If you want different results, do not do the same things.
    </p>
</blockquote>
```

1.5.61 CC-3.1.3. Palabras raras o inusuales

NC	Propósito
AAA	Proporcionar una definición de cualquier palabra que se use de una manera inusual o restringida.

Más información en:
https://www.w3.org/WAI/WCAG21/Understanding/unusual-words.html

ENTENDIMIENTO

Las personas que presentan una discapacidad cognitiva, intelectual o del lenguaje pueden tener dificultades para entender ciertas palabras no literales o de usos especializados. Ejemplo de ello podrían ser las polisemias, los acrónimos, las jergas, los tecnicismos o los argots.

MÉTODO PARA HACER CUMPLIR ESTA CONFORMIDAD

Proporcionar una definición para cualquier palabra usada de manera inusual o restringida. Esto es:

- ☞ Cuando los diccionarios proveen varias definiciones para una palabra, pero la definición específica es fundamental o esencial para entender el contenido.

- ☞ Cuando la definición específica debe ser utilizada para entender el contenido y los diccionarios clasifican esa definición como rara, arcaica, obsoleta, etc.

- ☞ Cuando el autor crea o define una nueva definición que debe utilizarse para comprender el contenido.

Un ejemplo de esta casuística podría ser la palabra "tecnología" porque se utiliza en una amplia gama de casos que cubren gran variedad de contextos, desde las herramientas utilizadas por el ser humano en la Prehistoria, hasta los dispositivos digitales contemporáneos, como los teléfonos móviles.

Otro ejemplo podría ser la utilización del término anglosajón "scraping" que viene a describir una técnica por la cual, los programas de software y aplicaciones web extraen información de otras páginas. Es decir, lo que antiguamente se nombraba como explorar la red.

Para a hacer esto, se pueden utilizar varias técnicas. Una de ellas es usar listas de descripción:

```
<dl title="Términos informáticos">
    <dt>Denial of Service</dt>
    <dd>
        <p>Un ataque de denegación de servicio, también llamado ataque <em>DoS</
em>, es un ataque a un sistema de computadoras o red que causa que un servicio o
recurso sea inaccesible para los usuarios legítimos.
        </p>
    </dd>

    <dt>Scraping</dt>
    <dd>
        <p>Técnica que utiliza programas de software y aplicaciones web para
extraer información de otras páginas de Internet.
        </p>
    </dd>
</dl>
```

Otra podría ser la utilización de un enlace con un glosario que incluye todas las definiciones. Si se recurre a esta técnica, se debe especificar el atributo REL de HTML:

```
<link rel="glossary" href="https://www.w3.org/TR/WCAG21/#glossary">
```

Se puede proporcionar al usuario como parte del texto:

```
<p>Puede que sea necesario actualizar el controlador de la impresora.</p>

<p>La palabra <b>"controlador"</b> se define como un software que contiene ins-
trucciones específicas para una impresora.</p>
```

Y también es posible utilizar el elemento DFN de HTML para marcar el uso de una palabra o frase dónde se define.

```
<p>
    Las pautas de accesibilidad al contenido web requieren que el contenido no sea de
texto tenga una alternativa de texto. El <dfn>Contenido sin texto </dfn> es contenido
que no es una secuencia de caracteres que puedan ser determinados mediante programa-
ción o una secuencia que no expresa algo en lenguaje humano como pueda ser el ASCII
Art (que es un patrón de caracteres), los emoticones, los leetspeak (que son la susti-
tución de caracteres) o las imágenes que representan un texto.
</p>
```

1.5.62 CC-3.1.4. Abreviaturas

NC	Propósito
AAA	Proporcionar la forma expandida de las abreviaturas, especialmente si éstas tienen varias interpretaciones posibles.

Más información en:
https://www.w3.org/WAI/WCAG21/Understanding/abbreviations.html

MÉTODO PARA HACER CUMPLIR ESTA CONFORMIDAD

Garantizar de que la forma expandida de la abreviatura o acrónimo utilizado está presente la primera vez que aparece dentro de una página Web.

Esto es posible hacer de manera literal durante la descripción textual:

```
<blockquote lang="es-ES">
    La WAI (Web Accessibility Initiative), Iniciativa de accesibilidad web en
español, demuestra el compromiso del W3C con la accesibilidad.
</blockquote>
```

Pero también es posible hacerlo a través de elemento ABBR de HTML:

```
<p>
    Se puede utilizar <abbr title="Hypertext Markup Language">HTML</abbr> (
Leguaje de Marcado de Hipertexto) para hacer cumplir el criterio de Conformidad
3.1.4.
</p>
```

La forma expandida del término utilizado no tiene por qué estar dentro de la misma página, también puede estar en un glosario externo, dentro o fuera del dominio. Sin embargo, si las formas expandidas están fuera de la página actual, se debe establecer un vínculo entre el elemento y su definición.

Si se piensan detenidamente, los enlaces pueden ser una muy poderosa opción para proporcionar acceso a la definición de una abreviatura o acrónimo. Un usuario puede utilizar el vínculo para encontrar la definición de forma rápida y sencilla y luego volver a su lugar en el contenido a través del botón Atrás del navegador.

```
<link rel="glossary" href="https://www.w3.org/TR/WCAG21/#glossary">
```

1.5.63 CC-3.1.5. Nivel de lectura

NC	Propósito
AAA	Ayudar a las personas con discapacidad de lectura intentando proporcionar una visión más simplificada del texto que requiere un nivel avanzado de conocimiento.

Más información en:
https://www.w3.org/WAI/WCAG21/Understanding/reading-level.html

ENTENDIMIENTO

Las personas que presentan discapacidad intelectual o de lectura pueden tener problemas para comprender e interpretar el lenguaje escrito. El uso de palabras raras, con doble sentido o de uso muy especializado puede suponer un problema para todas ellas.

Por este motivo, el contenido debe ser lo más claro y simple posible.

MÉTODO PARA HACER CUMPLIR ESTA CONFORMIDAD

Uno de los métodos o técnicas es proporcionar, como característica adicional, un resumen del contenido complejo.

Otra técnica es proporcionar ilustraciones visuales que ayuden a los usuarios con discapacidad de lectura a comprender los textos difíciles que describen conceptos o procesos. De hecho:

- ▸ Los cuadros y gráficos pueden ayudar a entender los datos complejos.

- ▸ Los diagramas, dibujos, fotografías, videos y animaciones pueden ayudar a los usuarios a entender los procesos, eventos u objetos.

- ▸ Los organigramas, mapas conceptuales y estructuras jerarquizadas pueden ayudar a los usuarios a entender cómo se relacionan las ideas entre sí.

Y otra posibilidad podría ser utilizar servicios de text-to-speech, además del contenido original, para ayudar a entender los contenidos complejos.

1.5.64 CC-3.1.6. Pronunciación

NC	Propósito
AAA	Ayudar a las personas ciegas, visión deficiente y/o con discapacidad de lectura a comprender el contenido en los casos en que, el significado, depende de la pronunciación.

Más información en:
https://www.w3.org/WAI/WCAG21/Understanding/pronunciation.html

MÉTODO PARA HACER CUMPLIR ESTA CONFORMIDAD

Las personas que presentan discapacidad total o parcial y aquellas que poseen una discapacidad de lectura pueden tener problemas con las palabras que cambian su significado según su pronunciación.

Aunque, en muchas ocasiones, el significado puede determinarse a partir del contexto, cuando se utilizan estas palabras en oraciones complejas, frases ambiguas o en expresiones populares dependientes de la pronunciación, el significado puede no ser todo lo fiel que debiese y entenderse de forma errónea.

Sirva como ejemplo que los homógrafos son palabras que, escribiéndose igual, significan cosas diferentes en función de cómo se pronuncien. Sin ir más lejos, no es lo mismo CERCA, refiriéndose a una distancia corta, que CERCA, refiriéndose a un obstáculo.

MÉTODO PARA HACER CUMPLIR ESTA CONFORMIDAD

Hacer que la pronunciación de las palabras esté disponible al proporcionar la pronunciación, al menos, la primera vez que aparecen dentro de la página.

Por ejemplo, si dentro de un texto se utiliza una palabra que tenga una pronunciación específica para comprender su significado, se debe proporcionar la pronunciación a continuación de la palabra o facilitar un vínculo a un glosario de términos, como sucede en los Criterios de Conformidad anteriores.

Cabe destacar que, cuando los contenidos utilizan palabras que tienen una misma ortografía, pero diferentes pronunciaciones, pueden requerirse una o varias técnicas alternativas para proporcionar la pronunciación, a menos que se proporcione para cada instancia.

1.5.65 CC-3.2.1. Al recibir el foco

NC	Propósito
A	Asegurar que la navegación por las páginas es predecible y no se producen cambios de contexto, aunque el foco desencadene eventos asociados.

Más información en:
https://www.w3.org/WAI/WCAG21/Understanding/on-focus.html

ENTENDIMIENTO

Las personas que presentan discapacidad visual, cognitiva y motora pueden tener problemas para reconocer los cambios inesperados. Por ello, se debe garantizar, siempre que sea posible, que la funcionalidad sea predecible a medida que los usuarios navegan por los documentos.

Es decir, ningún elemento de la interfaz de usuario que pueda desencadenar un evento cuando reciba el foco debe cambiar el contexto. Por ejemplo, no es posible hacer que los formularios sean enviados al tomar el foco el botón de enviar. Tampoco es viable que se abran diálogos o ventanas emergentes cuando un enlace o componente reciben el foco. Y, por supuesto, cuando un elemento recibe el foco a petición del usuario, no se puede realizar un cambio a otro elemento de manera automática.

Por tanto, el uso del foco puede realizarse a través de teclado o mediante el uso del ratón, pero de ser así, se deben controlar los eventos que puedan provocar un cambio de contexto para evitar posibles efectos inesperados en los usuarios.

MÉTODO PARA HACER CUMPLIR ESTA CONFORMIDAD

Garantizar que recibir el foco no provoca ningún cambio de contexto. Los usuarios con discapacidades cognitivas y las personas que usan lectores de pantalla o magnificadores de pantalla pueden verse confundidos por un evento inesperado como la presentación automática de formularios o la activación de una función que causa un cambio de contexto.

Todos los cambios de contexto deben ser desencadenados sólo por una acción específica por parte del usuario. Además, esta acción debe ser una que normalmente cause cambios en el contexto, como hacer clic en un enlace o presionar un botón de envío. Las acciones que simplemente mueven el foco a un elemento no causan un cambio de contexto.

1.5.66 CC-3.2.2. Al recibir una entrada de datos

NC	Propósito
A	Asegurar que la introducción de datos o la selección de un control de formulario tiene efectos predecibles.

> **Más información en:**
> https://www.w3.org/WAI/WCAG21/Understanding/on-input.html

ENTENDIMIENTO

Las personas con discapacidad visual y limitaciones cognitivas pueden no ver que el contenido interactivo sea predecible, tener dificultades para interpretar las señales visuales o apreciar cuando se ha producido un cambio de contexto visual.

Dicho de otro modo, si un desarrollador decide cambiar el comportamiento por defecto de un elemento de formulario o de un enlace puede tener consecuencias graves cuando los usuarios con discapacidad vayan a interactuar con él.

Por este motivo, se debe garantizar que, cuando los usuarios ingresan datos o seleccionan un control, los efectos sean predecibles.

MÉTODO PARA HACER CUMPLIR ESTA CONFORMIDAD

Proporcionar un mecanismo que permita a los usuarios solicitar, de manera explícita, un cambio de contexto. Esto es posible hacerlo a través de formularios o a través de JavaScript, pero siempre debe tener un comportamiento predecible y, a poder ser, el que trae por defecto.

```
<script type="text/javascript">
    function capture(){
        if (window.event.which == '13') {
            window.event.preventDefault();

            console.log("Se ha cancelado la puslación de la tecla enter");
            return false;
        }
    }
</script>
```

```
<h2>Búsqueda</h2>
<form action="search.php" role="form">
    <label for="searcher">
        <input id="searcher" role="search" onkeydown="return capture()" />
    </label>

    <button type="submit">Buscar</button>
</form>
```

En lo que a desplegables se refiere, si se desea que realice una acción cuando se selecciona uno de sus posibles valores, lo que se puede hacer asignar dicha acción aun botón externo, en vez de asociarla a un evento ONCHANGE o CLICK.

```
<h2>Acción a ejecutar</h2>
<form action="show-reports.jsp" role="form">
    <label for="month">Mes:</label>
    <select name="month" id="month">
        <option value="01">Enero</option>
        <option value="02">Febrero</option>
        <option value="03">Marzo</option>
        <option value="04">Abril</option>
        <option value="05">Mayo</option>
        <option value="06">Junio</option>
        <option value="07">Julio </option>
        <option value="08">Agosto</option>
        <option value="09">Septiembre</option>
        <option value="10">Octubre</option>
        <option value="11">Noviembre</option>
        <option value="12">Diciembre</option>
    </select>

    <label for="year">Año:</label>
    <input type="text" name="year" id="year" />

    <label for="report-type">Tipo de Informe</label>
    <select id="report-type" name="report-type">
        <option value="monthly">Mensual</option>
        <option value="annual">Anual</option>
    </select>

    <button type="submit">Mostrar informe seleccionado</button>
</form>
```

Si, por la razón que fuese, el cambio de contexto no fuera una opción, se debe proporcionar información a los usuarios sobre lo que sucederá cuando dé lugar dicho cambio de contexto.

Dado que cambiar el valor en un control de un formulario normalmente no resulta en un cambio de contexto, es importante que los desarrolladores proporcionen instrucciones que hagan al usuario consciente del comportamiento por adelantado.

1.5.67 CC-3.2.3. Navegación consistente

NC	Propósito
AA	Fomentar que la presentación, el formato y la localización del contenido es coherente para los usuarios que interactúan entre las diferentes páginas del sitio.

Más información en:
https://www.w3.org/WAI/WCAG21/Understanding/consistent-navigation.html

ENTENDIMIENTO

A menudo, las personas que presentan una discapacidad visual total o parcial y utilizan magnificadores de pantalla, se guían por señales visuales y límites que les ayudan a localizar el posible el contenido repetido de la forma más rápida.

Si el contenido repetido no está presentado en el mismo orden, no está ubicado en las mismas zonas o no está formateado con las mismas reglas en todo el sitio, estos usuarios pueden tener serios problemas para encontrar la información que necesitan.

MÉTODO PARA HACER CUMPLIR ESTA CONFORMIDAD

Garantizar que el contenido repetido sea predecible haciendo que siempre esté ubicado en el mismo lugar y posición, con una presentación común que utilice los mismos formatos y estilos y que siga el mismo orden para todas las páginas del sitio.

Por ejemplo, si se decide establecer un menú de enlaces en el pie de página, se debe poner siempre en todas las páginas, respetando los colores, fuentes, tamaños, orden, etcétera.

Si se decide establecer una barra de navegación concreta, con determinados controles y componentes, sean los que sean, deben aparecer dicha barra en todas las páginas siempre de la misma manera, con los mismos estilos y con el mismo contenido y orden.

Cabe destacar que, aunque se deben seguir estos requerimientos como norma general, es posible eliminar o insertar nuevos enlaces o controles en los componentes que se diseñen, sin embargo, el orden relativo no debe ser modificado.

1.5.68 CC-3.2.4. Identificación consistente

NC	Propósito
AA	Asegurar que los componentes que tienen la misma funcionalidad, dentro de un conjunto de páginas, se identifican de manera consistente.

Más información en:
https://www.w3.org/WAI/WCAG21/Understanding/consistent-identification.html

ENTENDIMIENTO

Las personas que utilizan lectores de pantalla suelen confiar en su familiaridad con las funciones que aparecen en los contenidos. Si dos funciones idénticas tienen un etiquetado accesible diferente en la misma página o entre dos páginas del mismo sitio, a los usuarios les resultará mucho más difícil saber qué hacer y cómo.

No obstante, la consistencia no debe de estar únicamente en las funciones y controles, debe estar en todo el contenido. Es decir, se debe mantener una coherencia en los colores, fuentes, tamaños, etcétera, e, incluso, en las iconografías utilizadas y demás elementos no textuales.

MÉTODO PARA HACER CUMPLIR ESTA CONFORMIDAD

Ayudar a los usuarios con discapacidad cognitiva y discapacidad de visión total o parcial a entender lo que sucederá cuando interactúan con una función en una página Web. Para ello, los componentes (elementos, vínculos, objetos JavaScript, etc.) que tengan la misma función se deben identificar de forma consistente en todas las páginas.

Por ejemplo, si una página Web tiene dos campos de búsqueda, uno en la cabecera y otro en el pie de página, y los dos se etiquetan igual, el usuario puede perderse y no saber qué está haciendo. Se hace necesario reetiquetar o eliminar uno de los campos.

O, por ejemplo, si una imagen de signo de interrogación se utiliza para dirigir a los usuarios a una página que proporciona información adicional, cada vez que aparezca esa imagen o icono de signo de interrogación debe tener la misma función y significado.

1.5.69 CC-3.2.5. Cambio a petición

NC	Propósito
AAA	Evitar la posible confusión que puede ser causada por los cambios de contexto, tales como las ventanas de diálogo emergentes o popups, el envío automático de formularios tras seleccionar un elemento de una lista, etc.

Más información en:
https://www.w3.org/WAI/WCAG21/Understanding/change-on-request.html

ENTENDIMIENTO

Las personas que presentan una discapacidad visual total o parcial, aquellas que poseen una discapacidad intelectual, las que tienen una discapacidad cognitiva y las que, sea cual sea la razón, no pueden detectar bien los cambios de contexto pueden desorientarse mientras navegan por el sitio web.

Aunque hay cambios de contexto que no resultan confusos y pueden resultar beneficiosos para algunos usuarios, la realidad es que, algunos de ellos, sí que pueden requerir un esfuerzo intelectual o cognitivo que puede suponerles un problema.

Por ello, lo que se debe de conseguir es que los usuarios tengan el control total sobre los cambios de contexto del sitio web.

MÉTODO PARA HACER CUMPLIR ESTA CONFORMIDAD

Permitir al usuario controlar cuando se debe actualizar el contenido, con el fin de evitar la confusión o desorientación causada por actualizaciones automáticas que causan un cambio de contexto.

Por ejemplo, en lugar de realizar actualizaciones de manera automática, los desarrolladores pueden proporcionar un mecanismo que permita al usuario solicitar la actualización del contenido cuando estén preparados a través de un enlace.

```
<a href="noticias-de-ultima-hora.html">Actualizar página ahora</a>
```

Evidentemente, esta no es la única solución. Seguramente, muchos habrán pensado que algunos agentes de usuario admiten el uso del elemento META de HTML para redirigir al usuario a otra página pasados un número especificado de segundos.

No obstante, esta técnica hace que las páginas se vuelvan inaccesibles para algunos usuarios, especialmente para aquellos que utilizan lectores de pantalla. Lo que sí se puede hacer es un redireccionamiento automático desde el lado del servidor.

Por ejemplo, un script de servidor o un archivo de configuración puede hacer que el servidor envíe una respuesta HTTP apropiada con un código de estado en el rango 3xx y un encabezado LOCATION con otra URL. Cuando el navegador recibe esta respuesta, la barra de ubicación cambia y el navegador realiza una solicitud con la nueva URL.

```
<?php header("HTTP/1.1 301 Moved Permanently");
    header("Location: http://www.example.com/newUserLogin.php");
?>
```

Si, por la razón que fuese, no se pudiese utilizar el redireccionamiento a través del Servidor, se puede utilizar el elemento META de HTML sin tiempo, asociándole un texto y enlace describiendo la acción o evento que sucederá.

```
<html xmlns="http://www.w3.org/1999/xhtml">
  <head>
    <title>La película</title>
    <meta http-equiv="refresh" content="0;URL='URL_SITIO'" />
  </head>
  <body>
    <p>Página movida a <a href="URL_SITIO">URL_SITIO</a>.</p>
  </body>
</html>
```

Sin embargo, nos queda una situación común que se suele dar mucho en las webs de hoy día. La actualización dinámica de componentes en una misma página.

Por ejemplo, si lo que se necesita es actualizar los valores de un desplegable en función de otro, lo que se puede hacer utilizar el evento ONCHANGE de JavaScript para actualizar los valores del desplegable dependiente cuando el usuario selecciona un valor en el desplegable primario o no dependiente. De esta manera, la actualización se realiza correctamente y sin que el usuario note un cambio de contexto.

Por último, si no existe otra posibilidad, se puede utilizar el atributo TARGET de HTML o usar el objeto WINDOW.OPEN de JavaScript para realizar un cambio de contexto de forma adecuada.

```
<a href="help.html" target="_blank">Show Help (opens new window)</a>
```

1.5.70 CC-3.3.1. Identificación de errores

NC	Propósito
A	Asegurar que los usuarios son conscientes de que se ha producido un error informándoles con mensajes claros para que puedan saber lo que sucede y dónde.

Más información en:
https://www.w3.org/WAI/WCAG21/Understanding/error-identification.html

ENTENDIMIENTO

Las personas que presentan discapacidad visual total o parcial y aquellas que tienen daltonismo pueden encontrar algunos problemas para reconocer los mensajes de error y la repercusión de los mismos.

Luego están las personas que poseen una discapacidad cognitiva, del leguaje o del aprendizaje, las cuales, pueden encontrarse con dificultades para comprender el significado de los mensajes si, estos, no son lo suficientemente claros y precisos.

Por poner un ejemplo. Recargar un formulario mostrando los campos de error con un texto, contraste y color adecuados puede resultar insuficiente para aquellas personas que utilizan lectores de pantalla debido, principalmente, a que no pueden ver lo que sucede y, la única forma que tienen para saber qué está sucediendo es a través de unos indicadores concretos establecidos por código.

Por todo ello, los mensajes de error deben estar codificados de manera que la información programática pueda ser interpretada por las herramientas de asistencia y contener un texto lo más detallado y específico posible.

MÉTODO PARA HACER CUMPLIR ESTA CONFORMIDAD

Notificar a los usuarios los campos que deben completarse cuando, estos, no han sido completados. Este requerimiento puede realizarse, por ejemplo, a través del atributo REQUIRED de HTML.

```
<label for="username">Nombre de usuario</label>
<input type="text" name="username" id="username" required />
```

Otra técnica que se puede utilizar es validar la entrada a medida que se van ingresando los valores en cada campo o elemento de formulario a través de funciones o secuencias de comandos de JavaScript en el lado del cliente.

```
<screipt type="">
    function checkDate(){
        if(isNaN(Date.parse(this.value))){
            var msg = "La fecha introducida es incorrecta. ";
                msg = "Por favor, introduzca una fecha válida.";
            alert(msg);
        }
    }
</script>

<label for="date">Fecha de inicio:</label>
<input type="date"
        name="startdate"
        id="startdate"
        onchange="checkDate()" />
```

Si lo que se desea hacer es notificarle al usuario que uno o varios elementos del formulario no han pasado la validación, una posible técnica es utilizar el atributo ARIA-INVALID, el cual, permite identificar de manera específica los campos dónde la validación no tuvo éxito.

```
<div class="control">
    <p>
        <label for="email">Email: *</label>
        <input type="text"
               id="email"
               class="error"
               aria-invalid="true"
               aria-describedBy="message-required" />
    </p>

    <span class="errtext" id="message-required">
        <h3>Error</h3>
        El email es un campo obligatorio.
    </span>
</div>
```

Si lo que se desea mostrar es un mensaje de alerta, otra técnica que es posible utilizar es ARIA-ALERTDIALOG para identificar errores. Con esta técnica, se puede alertar a los usuarios que utilizan herramientas de asistencia de que se ha producido un error de entrada a modo de notificación. No obstante, si se quiere hacer uso de esta característica, el componente que lo defina debe comportarse como un modal y tener las siguientes particularidades:

- Debe facilitar un nombre accesible a partir de las propiedades ARIA-LABEL o ARIA-LABELLEDBY.
- Debe proporcionar una referencia al texto de la alerta a través de la propiedad ARIA-DESCRIBEDBY.
- Debe contener un elemento de formulario que pueda ser enfocable y, tomarlo en el momento de la apertura del diálogo.
- Debe proporcionar un orden específico de tabulación restringido o limitado dentro del diálogo mientras esté abierto.
- Debe regresar el foco al elemento o control que lanzó el diálogo cuando, este, sea cerrado por el usuario.

```
<div role="alertdialog"
    aria-labelledby="alertHeading"
    aria-describedby="alertText">
```

```
        <h2 id="alertHeading">Error en proceso de alta</h2>

        <div id="alertText">
            La fecha de nacimiento del empleado no puede ser mayor que la
            fecha de contratación. Por favor, revíse ambos valores.
        </div>

        <button>Volver a la página anterior y corregir el error</button>
        <button>Guardar y continuar</button>
    </div>
```

Sin embargo, todas estas particularidades no servirán de nada si no tenemos en cuenta un detalle más. Los cuadros de diálogo no deben estar presentes hasta que vayan a utilizarse, es decir, no pueden ser definidos durante el proceso de carga ni cambiar su estado a ocultos porque, de lo contrario, las herramientas de asistencia podrían acceder a ellos e informar de manera incorrecta.

Para conseguir este último reto, una posible forma de hacer esto es crear e insertar el diálogo en el elemento BODY de la página y, cuando se cierre eliminarlo. Un posible ejemplo JavaScript podría ser:

```
<script type="text/javascript">
    function showDialog(title, message){
        var dialog = document.createElement("div");
        dialog.setAttribute("role", "alertdialog");
        dialog.setAttribute("aria-labelledby", "alertHeading");
        dialog.setAttribute("aria-describedby", "alertText");

        var template = `<h2 id="alertHeading">` + title + `</h2>
            <div id="alertText">` + message + `</div>

            <button>Volver a la página y corregir el error</button>
            <button>Guardar y continuar</button>`;

        dialog.innerHTML = template;

        document.body.append(dialog);
    }

    function hideDialog(){
        document.querySelector('[role="alertdialog"]').remove();
    }
</script>
```

Como último ejemplo, si lo que se desea usar es un contenedor de mensajes, lo que se puede hacer es a través del atributo ARIA-LIVE.

Este atributo hace posible que se les notifique a las herramientas de asistencia cuando se inyectan mensajes de error a un contenedor actualizable denominado "Live Region". Las herramientas de asistencia leen automáticamente el contenido de este contenedor y evitan tener que centrarse en dónde se produjeron los errores.

```javascript
<script type="text/javascript">
    function validateEmail(email) {
        var re = /^(([^<>()\[\]\\.,;:\s@"]+(\.[^<>()\[\]\\.,;:\s@"]+)*)|(".+"))@
((\[[0-9]{1,3}\.[0-9]{1,3}\.[0-9]{1,3}\.[0-9]{1,3}\])|(([a-zA-Z\-0-9]+\.)+[a-zA-
Z]{2,}))$/;

        return re.test(String(email).toLowerCase());
    }

    function onsubmit() {
        var errors = document.getElementById('errors');
        errors.innerHTML = "";

        if (document.getElementById('name').val() === '') {
            errors.innerHTML += '<p>Por favor, inserte su nombre.</p>';
        }

        if (document.getElementById('surname').val() === '') {
            errors.innerHTML += '<p>Por favor, inserte sus apellidos.</p>';
        }

        if (document.getElementById('email').val() === '') {
            errors.innerHTML += '<p>Por favor, inserte un email.</p>';

        } else if (validateEmail('email')) {
            errors.innerHTML += `<p>
                Email no válido. Por favor, ingréselo de nuevo.
            </p>`;

        }

        return false;
    }
</script>

<form name="signup"
      id="signup"
      method="post"
```

```
        action=""
        onsubmit="onsubmit()">

    <div id="errors"
         role="alert"
         aria-atomic="true">
    </div>

    <div>
        <label for="name">
            Nombre (obligatorio)
        </label>
        <input type="text" name="name" id="name" />
    </div>

    <div>
        <label for="surname">
            Apellidos (obligatorio)
        </label>
        <input type="text" name="surname" id="surname" />
    </div>

    <div>
        <label for="email">
            Email (obligatorio)
        </label>
        <input type="email" name="email" id="email">
    </div>

    <div>
        <input type="submit" name="button" id="button" value="Submit">
    </div>
</form>
```

El código anterior utiliza el role ALERT para indicar que es un contenedor de errores o "Live Region" y resulta es equivalente a utilizar ARIA-LIVE=ASSERTIVE.

1.5.71 CC-3.3.2. Etiquetas o instrucciones

NC	Propósito
A	Asegurar que se proporcionan etiquetas o instrucciones cuando se requiere la intervención del usuario.

Más información en:
https://www.w3.org/WAI/WCAG21/Understanding/labels-or-instructions.html

ENTENDIMIENTO

Cuando no se proporcionan unas etiquetas e instrucciones claras, las personas que presentan discapacidad cognitiva, discapacidad del lenguaje o discapacidad del aprendizaje pueden tener dificultades para identificar el objetivo de los campos o para entender cómo introducir la información solicitada.

Si se piensa, proporcionar unas etiquetas e instrucciones claras e inequívocas no sólo ayuda a estas personas, también puede evitar, entre otras cosas, que se realice el envío de formularios incompletos, con información errónea o que la validación de los campos provoque falsos positivos.

Sin embargo, la idea no es saturar al usuario con información innecesaria o muy detallada, más bien se trata de suministrar las pistas necesarias para que las personas con discapacidad puedan interactuar con los contenidos con los mínimos problemas posibles.

Cabe destacar que, este Criterio de Conformidad no requiere que las etiquetas o instrucciones estén perfectamente marcadas, identificadas o asociadas a cada uno de los controles.

MÉTODO PARA HACER CUMPLIR ESTA CONFORMIDAD

Garantizar que todas las etiquetas e instrucciones del contenido aclaren de la manera más simple posible el propósito de cada componente o control. Por ejemplo, si se está ejecutando un componente que muestra una imagen y que posee la capacidad de aplicarle un efecto zoom, para que los usuarios puedan utilizar correctamente el componente, lo que se podría hacer es establecer unos botones textuales que pusieran explícitamente "Alejar imagen (- zoom)" y "Acercar imagen (+ zoom)".

Esta garantía también se puede conseguir si se dispone un botón pegado, a continuación de un control de entrada, como pueda ser un elemento INPUT de HTML, porque, visualmente funciona a modo de etiqueta.

```
<input id="search-terms" name="search-terms" />
<button>Buscar</button>
```

O a través de la explicación del formato dentro de la etiqueta, mediante el uso de la propiedad TITLE de HTML o a través del atributo PLACEHOLDER de HTML.

```
<label for="birthdate">Fecha de nacimiento (DD-MM-YYYY)</label>
<input id="birthdate" />
```

```
<label for="birthdate">Fecha de nacimiento</label>
<input id="birthdate"
       title="Introduzca la fecha en formato DD-MM-YYYY" />
```

```
<label for="birthdate">Fecha</label>
<input id="birthdate"
       placeholder="DD-MM-YYYY" />
```

También es posible que lo que se desee es insertar una imagen o icono a modo de representación gráfica del requerimiento. En este caso, es importante que la imagen o icono se defina al principio de la sección o formulario.

```
<p>
    <img src="asterisk.png" alt="Campo obligatorio" />
    <span>Indica que el campo es obligatorio.
</p>
<form action="" method="post">
    <label for="fullname">
    Nombre completo
    <img src="req_img.gif" alt="Campo obligatorio" />
    </label>
    <input type="text" name="fullname" id="fullname" />
```

Sólo como nota adicional, una buena práctica puede ser suministrar las restricciones en la parte superior de los formularios. No obstante, cabe destacar que, esta técnica funciona mejor para los formularios que tienen un número pequeño de campos o en aquellos en los que muchos de los campos del formulario requieren un mismo formato de entrada.

Si lo que se desea describir es una acción, lo que se puede hacer es utilizar la propiedad ARIA-DESCRIBEDBY para asociar una descripción a un botón o enlace.

```
<button aria-label="Cerrar diálogo"
        aria-describedby="descriptionClose"
        onclick = "myDialog.close ()">
    CERRAR DIÁLOGO
</button>

<div id="descriptionClose">
    Cerrar este diálogo descartará cualquier información ingresada y
    regresará a la página anterior.
</div>
```

Si lo que se desea describir es un elemento de formulario, se debe garantizar que todos los controles de entrada tienen una etiqueta asociada y que tienen definida la propiedad ARIA-DESCRIBEDBY para describir las instrucciones. Por ejemplo:

```html
<label for="searchInput">Buscador</label>

<input name="searchInput"
       id="searchInput"
       type="search"
       aria-describedby="descriptionSearch" />

<div id="descriptionSearch">
    Puede buscar por el nombre del producto o por su categoría.
    No se admiten caracteres especiales de '+' o '*' debido a que se
    utilizan a...
</div>
```

Si por alguna razón, los controles no permitiesen añadir una etiqueta porque, de ser así, podrían resultar confusos, se puede utilizar el atributo de TITLE de HTML para etiquetar los controles de entrada porque, por suerte, tanto los agentes de usuario, como las tecnologías de asistencia, pueden hablar el atributo de TITLE.

```html
<input name="lastDigits" title="Introduce los 4 últimos números de la tarjeta"
/>
```

Sin embargo, utilizar ARIA-DESCRIBEDBY no es la única opción a la que se puede recurrir. Por ejemplo, se puede utilizar la propiedad ARIA-LABELLEDBY para crear un nombre accesible representado por varios elementos visuales.

```html
<form action="" method="post">
    <div>
        <span id="logout-label" tabindex="-1">
            <label for="logout-duration">
                Extender el tiempo de la sesión
            </label>
        </span>

        <input type="text"
               size="3"
               id="logout-duration"
               value="20"
               aria-labelledby="logout-label logout-duration logout-unit">

        <span id="timeout-unit" tabindex="-1"> minutos</span>
```

```
        </div>
    </form>

    <h2>Tiempo medio de las 3 anteriores sesiones</h2>

    <table>
        <thead>
            <tr>
                <th id="date">Fecha</th>
                <th id="halftime">Tiempo medio</th>
            </tr>
        </thead>

        <tbody>
            <tr>
                <td id="date-1">31-12-2019</td>
                <td>
                    <input type="text" disabled
                            aria-labelledby="halftime date date-1" />
                </td>
            </tr>

            <tr>
                <td id="date-2">30-12-2019</td>
                <td>
                    <input type="text" disabled
                            aria-labelledby="halftime date date-2" />
                </td>
            </tr>

            <tr>
                <td id="date-3">29-12-2019</td>
                <td>
                    <input type="text" disabled
                            aria-labelledby="halftime date date-3" />
                </td>
            </tr>
        </tbody>
    </table>
```

Si nos fijamos en el código anterior, el atributo ARIA-LABELLEDBY situado dentro del formulario, hace referencia al SPAN que contiene la etiqueta nativa, al elemento que contiene el valor predeterminado para ampliar el tiempo de sesión (en este caso '20') y al SPAN que contiene la unidad de medida de tiempo asociada al valor anteriormente descrito (en este caso 'minutos').

Ahora bien, si nos fijamos en los atributos ARIA-LABELLEDBY que están situados dentro de la tabla, se hace referencia es a los encabezados de las columnas y al primer valor de cada fila.

Otra técnica que se puede utilizar para identificar y etiquetar los elementos de formulario de manera correcta es a través de la asignación de roles de agrupación. Lo que viene a realizar esta técnica es agrupar un conjunto de elementos de formulario y utilizar su resultado como una etiqueta o calificador común.

```
<div role="group" aria-labelledby="iban">
    <span id="iban">
        Código IBAN (obligatorio)
    </span>

    <input size="2"
        type="text"
        aria-required="true"
        title="Código país (En general será ES)" /> -

    <input size="2"
        type="text"
        aria-required="true"
        title="Dígito de control de 2 dígitos" /> -

    <input size="4"
        type = "text"
        aria-required="true"
        title="Entidad bancaria (4 dígitos)" />

    <input size="4"
        type = "text"
        aria-required="true"
        title="Oficina (4 dígitos)" />

    <input size="4"
        type = "text"
        aria-required="true"
        title="Dígito de control (2 dígitos)" />

    <input size="10"
        type = "text"
        aria-required="true"
        title="Número de cuenta (10 dígitos)" />
</div>
```

1.5.72 CC-3.3.3. Sugerencias de error

NC	Propósito
AA	Asegurar que los usuarios reciben unas sugerencias apropiadas o adecuadas para poder realizar la corrección de los errores, si es posible.

Más información en:
https://www.w3.org/WAI/WCAG21/Understanding/error-suggestion.html

ENTENDIMIENTO

Las personas que presentan discapacidad cognitiva o del aprendizaje, visual total o parcial o de movimiento pueden tener dificultades para corregir los posibles errores que se puedan producir durante la entrada de datos.

Para intentar subsanar estos problemas al mínimo valor posible, se debe tratar de proporcionar una información relevante y clara de por qué los datos introducidos no son correctos y cómo corregirlos.

Por aclarar, un ejemplo de notificación de error relevante y clara podría ser "No se ha seleccionado el mes. Por favor, elija uno entre los posibles valores del desplegable" o, también, "El valor introducido no es válido. Por favor, elija uno de los posibles valores: corto, medio, largo".

MÉTODO PARA HACER CUMPLIR ESTA CONFORMIDAD

Garantizar que los controles de entrada proporcionan la información necesaria para solucionar el error cuando este se detecta de forma automática.

El uso de alertas, diálogos modales o textos descriptivos ubicados al lado o debajo del elemento de formulario de entrada son métodos permitidos en este Criterio de Conformidad.

Cuando el elemento de entrada es obligatorio, es recomendable que se añada el atributo ARIA-REQUIRED para indicar a las tecnologías de asistencia que es un campo requerido.

```
<label for="birthdate">
    Fecha
</label>
<input id="birthdate"
       required
       size="10"
       aria-required="true"
       placeholder="DD-MM-YYYY" />
```

Si lo que se desea mostrar es un mensaje de alerta, otra técnica que es posible utilizar es ARIA-ALERTDIALOG para identificar errores. Con esta técnica, se puede alertar a los usuarios que utilizan herramientas de asistencia de que se ha producido un error de entrada a modo de notificación. No obstante, si se quiere hacer uso de esta característica, el componente que lo defina debe comportarse como un modal y tener las siguientes particularidades:

�totentonces Debe facilitar un nombre accesible a partir de las propiedades ARIA-LABEL o ARIA-LABELLEDBY.

▸ Debe proporcionar una referencia al texto de la alerta a través de la propiedad ARIA-DESCRIBEDBY.

▸ Debe contener un elemento de formulario que pueda ser enfocable y, tomarlo en el momento de la apertura del diálogo.

▸ Debe proporcionar un orden específico de tabulación restringido o limitado dentro del diálogo mientras esté abierto.

▸ Debe regresar el foco al elemento o control que lanzó el diálogo cuando, este, sea cerrado por el usuario.

```
<div role="alertdialog"
    aria-labelledby="alertHeading"
    aria-describedby="alertText">
        <h2 id="alertHeading">Error en proceso de alta</h2>

        <div id="alertText">
            La fecha de nacimiento del empleado no puede ser mayor que la
            fecha de contratación. Por favor, revíse ambos valores.
        </div>

        <button>Volver a la página anterior y corregir el error</button>
        <button>Guardar y continuar</button>
</div>
```

Sin embargo, todas estas particularidades no servirán de nada si no tenemos en cuenta un detalle más. Los cuadros de diálogo no deben estar presentes hasta que vayan a utilizarse, es decir, no pueden ser definidos durante el proceso de carga ni cambiar su estado a ocultos porque, de lo contrario, las herramientas de asistencia podrían acceder a ellos e informar de manera incorrecta.

Para conseguir este último reto, una posible forma de hacer esto es crear e insertar el diálogo en el elemento BODY de la página y, cuando se cierre eliminarlo. Un posible ejemplo JavaScript podría ser:

```
<script type="text/javascript">
    function showDialog(title, message){
        var dialog = document.createElement("div");
        dialog.setAttribute("role", "alertdialog");
        dialog.setAttribute("aria-labelledby", "alertHeading");
        dialog.setAttribute("aria-describedby", "alertText");

        var template = `<h2 id="alertHeading">` + title + `</h2>
            <div id="alertText">` + message + `</div>

            <button>Volver a la página y corregir el error</button>
            <button>Guardar y continuar</button>`;

        dialog.innerHTML = template;

        document.body.append(dialog);
    }

    function hideDialog(){
        document.querySelector('[role="alertdialog"]').remove();
    }
</script>
```

Cabe destacar que, aunque no es un requerimiento, proporcionar unos estilos bien diferenciables a los mensajes de error puede ayudar bastante a la mayoría de los usuarios a identificarlos y comprender su gravedad. No obstante, no debe ser la única medida diferenciable, es decir, debe estar combinada con otra de las anteriores.

```
label.error:after {
    content: "\f071"; /* exclamation-triangle */
    font-family: "Font Awesome 5 Pro";
    font-weight: 900;
    font-style: normal;
    line-height: 1;
}

[aria-required=true] {
  border: 1px solid rgba(0,0,0,0.2);
  background: red;
}
```

1.5.73 CC-3.3.4. Prevención de errores (legales, financieros, de datos)

NC	Propósito
AA	Ayudar a los usuarios con discapacidad a evitar graves consecuencias como resultado de un error al realizar una acción que no se puede revertir.

Más información en:
https://www.w3.org/WAI/WCAG21/Understanding/error-prevention-legal-financial-data.html

ENTENDIMIENTO

Las personas con discapacidad cognitiva, del aprendizaje, de lectura o motora y aquellas que son más propensas a cometer errores pueden encontrase con graves consecuencias como resultado de acciones no reversibles. Estas consecuencias no se refieren a la Usabilidad o a la Experiencia de Usuario, sino que, más bien, se refieren a consecuencias de tipo legal, financiero y/o de transacción.

Pensemos, por ejemplo, en la compra de unos billetes de tren en una compañía que no admite reembolsos o en la realización de una transferencia bancaria a una cuenta equivocada. Ambas acciones tienen un coste financiero y, ambas acciones, tienen unas implicaciones a nivel de transacción porque, una vez que se lanzan las órdenes, las operaciones no pueden cancelarse.

Vale que uno podría pensar que este tipo de errores no son importantes porque su frecuencia de aparición es muy pequeña y, de pasar, se podrían reparar a través de métodos externos como la restauración de una copia de seguridad y realizando una nueva transacción.

Sin embargo, no olvidemos que, aun proveyendo a nuestras webs de fuertes medidas de seguridad y de prevención, las cosas pasan y, a veces, son imposibles de recuperar. Por ello, se debe ayudar a todos los usuarios a evitar los errores que resulten de realizar una acción que no se puede revertir.

MÉTODO PARA HACER CUMPLIR ESTA CONFORMIDAD

Permitir a los usuarios recuperarse de los errores cometidos al realizar una transacción irreversible (como pueda ser un pedido) proporcionándoles un período de tiempo de espera en el que no se realiza nada más que la grabación de los datos y, durante el cual, pueden cancelarla o cambiarla.

Aunque, en principio, la mejor opción es proporcionar un procedimiento de cancelación desde el sitio de origen, también es posible hacerlo a través de algún otro mecanismo o combinación de los mismos, siempre y cuando se proporcione una accesibilidad acorde a cada discapacidad.

Ahora bien, si se decide optar por esta última opción, los usuarios deberán ser advertidos de que no serán capaces de cancelar la transacción en línea una vez se haya ordenado la transacción.

Otra técnica para hacer cumplir este Criterio de Conformidad es proporcionar a los usuarios una forma de confirmar que, la entrada de datos que se ha realizado es correcta antes de efectuar la transacción irreversible.

Por ejemplo, si el usuario ha tenido que ingresar muchos campos repartidos en varios pasos o páginas, se podría diseñar un sistema que guardase todos los datos que ha ido introduciendo en una memoria intermedia y permitirle navegar a su antojo para que pueda revisarlos si lo desea o, también se podría proporcionar un informe con todos los datos recolectados para que el usuario pueda revisarlos antes de ratificar su validez.

Indudablemente, antes de realizar cualquiera de estas dos opciones, se debería informar al usuario, de alguna forma, indicándole que debe revisar todos los datos que ha ingresado y que, de estar de acuerdo, la transacción no se podrá deshacer una vez enviada.

No obstante, si las técnicas anteriores no convencen, siempre se puede recurrir a otra técnica, la inserción de una casilla de verificación que indique que el usuario ha revisado los datos de entrada, son correctos y, por tanto, pueden ser enviados.

Ahora bien, si se recurre a este último método, dicha casilla de verificación debe ubicarse cerca del botón de envío y ser diferenciable, evidentemente, para que los usuarios sean capaces de percibirlo y utilizarlo antes de efectuar el proceso de envío.

Si la casilla de verificación no está seleccionada cuando pulse en el botón de enviar, se cancelará la operación y se le solicitará al usuario que revise su entrada, seleccione la casilla de verificación y vuelva a intentarlo. Dicho de otro modo, sólo si se selecciona la casilla de verificación se aceptará la entrada de datos y se efectuará la transacción.

Por último, y sólo como consejo, suele ser una buena práctica proporcionar un mensaje de éxito cuando los datos se envían correctamente.

1.5.74 CC-3.3.5. Ayuda

NC	Propósito
AAA	Evitar que los usuarios cometan errores a través de "ayudas sensibles al contexto", asistentes de ayuda, corrección ortográfica y sugerencias para la introducción del texto o instrucciones "textuales".

Más información en:
https://www.w3.org/WAI/WCAG21/Understanding/help.html

ENTENDIMIENTO

Las personas con discapacidad intelectual, de lectura y/o escritura y aquellas que poseen discapacidad motora suelen ser más propensas a cometer errores que el resto de los usuarios. Por ello, facilitar una buena ayuda puede volverse un factor clave que marque la diferencia en lo que al número de errores predecibles se refiere.

MÉTODO PARA HACER CUMPLIR ESTA CONFORMIDAD

Proporcionar ayuda contextual a los usuarios a medida que van introduciendo datos en los formularios. La forma de proporcionar esta ayuda contextual es establecer un vínculo que lleve a la información de ayuda en cada página web.

```html
<script type="text/javascript">
    function toggleVisibility(e){
        // Función que oculta o muestra el DIV que está a continuación del
        // elemento que se recibe por parámetro
    }
</script>

<form action="" method="post">
    <label for="cvv">
        CVV
        <input type="number" name="cvv" id="cvv" />

        <a href="javascript: toggleVisibility(this)">
            <i class="fa fa-info-circle"></i>
        </a>

        <div class="tooltip hidden">
        El CVV es un código de números corto (generalmente tres dígitos) que
no sólo aparecen las tarjetas de crédito sino también puede aparecer las tar-
jetas de debito y en las tarjetas prepago cuando éstas pueden ser recargadas o
cargadas a través de crédito.
        </div>
    </label>
</form>
```

A modo de visual, si ejecutásemos el código anterior y le añadiésemos el CSS y el JavaScript necesario, el resultado podría ser algo como:

CVV [_____] ❓   **Qué es el CVV**

El CVV es un código de números corto (generalmente tres dígitos) que no sólo aparecen las tarjetas de crédito sino también puede aparecer las tarjetas de debito y en las tarjetas prepago cuando éstas pueden ser recargadas o cargadas a través de crédito.

No obstante, la ayuda contextual sólo se debe proporcionar cuando la etiqueta no sea suficiente para describir todos los requerimientos de entrada y funcionalidad.

También es posible proporcionar un control de ayuda para cada control interactivo. En este último caso, la ubicación o situación de este control debe ser inmediatamente antes o después del control de entrada para permitir a los usuarios tabular fácilmente si tienen problemas en el control.

Otra técnica es ayudar al usuario a evitar errores de entrada informándoles con antelación sobre las restricciones en el formato de datos que deben ingresar.

Esta técnica funciona mejor para formularios que tienen un número pequeño de campos o aquellos en los que muchos de los campos del formulario requieren datos con el mismo formato. En estos casos, es más eficiente describir el formato una vez en las instrucciones en la parte superior del formulario en lugar de repetir la misma información para cada campo que tenga el mismo requisito de formato restringido.

```
<p>
    · Los campos obligatorios están marcados con un asterisco (*) y deben
      completarse si se desea continuar.
    · El número de teléfono sólo puede contener números y guiones (-).
</p>
<form action="" method="post">
    ...
</form>
```

La ayuda en línea a través herramientas como chats, pueden ser también una buena idea, siempre y cuando no perjudique a ningún usuario con discapacidad.

1.5.75 CC-3.3.6. Prevención de errores (todos)

NC	Propósito
AAA	Ayudar a los usuarios con discapacidad a evitar las consecuencias que puedan derivarse al cometer un error en el proceso de envío de datos de un formulario.

Más información en:
https://www.w3.org/WAI/WCAG21/Understanding/error-prevention-all.html

ENTENDIMIENTO

Las personas con discapacidad cognitiva, del aprendizaje, de lectura o motora y aquellas que son más propensas a cometer errores pueden encontrase con problemas producto de acciones equivocadas.

Pensemos que hay usuarios que podrían provocar la eliminación de datos de una base de datos por error, trasponer números con letras, o pulsar teclas y/o botones por accidente. Por ello, se debe proporcionar una manera de que los usuarios puedan revertir las transacciones que han generado por error.

MÉTODO PARA HACER CUMPLIR ESTA CONFORMIDAD

Ayudar a los usuarios con discapacidad a evitar las consecuencias que puedan resultar de realizar una transacción mediante formularios.

Sin embargo, esta "ayuda" debe cumplir una de las siguientes premisas:

- Debe ser reversible: Una transacción debe poder deshacerse o cancelarse.

- Debe ser revisada: Los datos ingresados por el usuario deben poder verificarse para encontrar posibles errores de entrada y dar la oportunidad de corregirlos.

- Debe ser confirmada: Se debe proporcionar una manera de que los usuarios puedan revisar, confirmar y corregir la información antes de realizar el envío.

Por ejemplo, para que los usuarios puedan corregir los errores cometidos al realizar una transacción, se puede proporcionar un período de tiempo de espera en el que no se realiza nada más que la grabación de los datos y, durante el cual, pueden cancelarla o cambiarla.

Aunque, en principio, la mejor opción es proporcionar un procedimiento de cancelación desde el sitio de origen, también es posible hacerlo a través de algún otro mecanismo o combinación de los mismos, siempre y cuando se proporcione una accesibilidad acorde a cada discapacidad.

Ahora bien, si se decide optar por esta última opción, los usuarios deberán ser advertidos de que no serán capaces de cancelar la transacción en línea una vez se haya ordenado la transacción.

Otra técnica para hacer cumplir este Criterio de Conformidad es proporcionar a los usuarios una forma de confirmar que, la entrada de datos que se ha realizado es correcta antes de efectuar la transacción.

Por ejemplo, si el usuario ha tenido que ingresar muchos campos repartidos en varios pasos o páginas, se podría diseñar un sistema que guardase todos los datos que ha ido introduciendo en una memoria intermedia y permitirle navegar a su antojo para que pueda revisarlos si lo desea o, también se podría proporcionar un informe con todos los datos recolectados para que el usuario pueda revisarlos antes de ratificar su validez.

Indudablemente, antes de realizar cualquiera de estas dos opciones, se debería informar al usuario, de alguna forma, indicándole que debe revisar todos los datos que ha ingresado y que, de estar de acuerdo, la transacción no se podrá deshacer una vez enviada.

No obstante, si las técnicas anteriores no convencen, siempre se puede recurrir a otra técnica, la inserción de una casilla de verificación que indique que el usuario ha revisado los datos de entrada, son correctos y, por tanto, pueden ser enviados.

Ahora bien, si se recurre a este último método, dicha casilla de verificación debe ubicarse cerca del botón de envío y ser diferenciable, evidentemente, para que los usuarios sean capaces de percibirlo y utilizarlo antes de efectuar el proceso de envío.

Si la casilla de verificación no está seleccionada cuando pulse en el botón de enviar, se cancelará la operación y se le solicitará al usuario que revise su entrada, seleccione la casilla de verificación y vuelva a intentarlo. Dicho de otro modo, sólo si se selecciona la casilla de verificación se aceptará la entrada de datos y se efectuará la transacción.

Por último, y sólo como consejo, suele ser una buena práctica proporcionar un mensaje de éxito cuando los datos se envían correctamente.

1.5.76 CC-4.1.1. Análisis

NC	Propósito
A	Asegurar que los agentes de usuario, incluyendo las ayudas técnicas, pueden interpretar y analizar con precisión el contenido.

Más información en:
https://www.w3.org/WAI/WCAG21/Understanding/parsing.html

ENTENDIMIENTO

Algunas personas con discapacidad utilizan tecnologías de asistencia para analizar el contenido con precisión y sin errores. Aunque muchas de estas tecnologías tienen implementados métodos para reparar el código malformado, si el contenido no está bien etiquetado o no está bien estructurado, podrían presentarlo de manera diferente o, incluso, no poder presentarlo.

Evidentemente, hay muchos casos en los que los errores de sintaxis pueden ser detectados con facilidad, pero hay otros en los que la carencia de etiquetas o una mala sintaxis pueden conducir a errores que impidan a los agentes de usuario proveer el contenido de manera confiable.

Por lo tanto, lo que nos viene a decir este Criterio de Conformidad es que el contenido web debe poder ser analizado, únicamente, a través de las reglas formales del lenguaje de marcado en el que se esté desarrollando.

MÉTODO PARA HACER CUMPLIR ESTA CONFORMIDAD

Evitar las ambigüedades que a menudo resultan de un código que no se valida contra las especificaciones formales.

Pensemos que no siempre la validación puede eliminar las ambigüedades, por ello, los contenidos deben verificarse de acuerdo a las especificaciones formales de la tecnología escogida. En otras palabras, si se decide realizar una implementación en un lenguaje como HTML o XHTML, se debe programar totalmente conforme a sus especificaciones o, si ya se ha hecho, se debe validar mediante sus especificaciones formales.

Por ejemplo, si se decide utilizar un lenguaje de marcado como HTML, una de las cosas que no se debe olvidar es la declaración del elemento DOCTYPE.

```
<!DOCTYPE html>
<html xmlns="http://www.w3.org/1999/xhtml" lang="" xml:lang="">
    ...
</html>
```

Si nos fijamos en el código anterior, se ha declarado un documento bajo la especificación de HTML5. Nota que, el elemento DOCTYPE, no está considerado como una etiqueta o entidad de HTML, sino como una instrucción que informa a los agentes de usuario y tecnologías de asistencia sobre la versión de HTML en la que, se supone, se ha escrito la página.

Si se utilizan lenguajes basados en XML como XHTML, SVG o SMIL, deben de validarse a través de sus propias especificaciones o mediante herramientas, online o no, de validación.

Una de esas herramientas online más conocidas es W3C Markup Validation Service, la cual, permite validar archivos HTML y XHTML a través de una URL, por carga de archivos y por entrada directa de documentos HTML o XHTML completos.

W3C® Markup Validation Service
Check the markup (HTML, XHTML, ...) of Web documents

Validate by URI   Validate by File Upload   Validate by Direct Input

Validate by URI
Validate a document online

Address: [   ]

▶ More Options

(Check)

En resumen, se debe poder garantizar que las páginas están bien formadas. Para ello, se puede validar las páginas mediante herramientas externas o programar de acuerdo a las especificaciones formales del leguaje. Además, se debe garantizar que las etiquetas de apertura y cierre cumplan dichas especificaciones, que los atributos de identificación sean únicos y que no haya elementos con atributos duplicados.

Cuando el código se ajusta totalmente a sus especificaciones, si bien no es necesario que se ajusten plenamente a las especificaciones a las WCAG 2.1, es una práctica recomendada y suficiente para cumplir con el Criterio de cumplimiento 4.1.1.

1.5.77 CC-4.1.2. Nombre, función, valor

NC	Propósito
A	Asegurar que el nombre y función de todos los componentes de la interfaz de usuario (incluidos los elementos de formulario, enlaces y componentes generados por scripts) puedan determinarse a través de código.

Más información en:
https://www.w3.org/WAI/WCAG21/Understanding/name-role-value.html

ENTENDIMIENTO

Algunas personas con discapacidad utilizan tecnologías de asistencia como magnificadores de pantalla, reconocimiento por voz o lectores de pantalla para saber la información sobre los roles, estados y valores de cada entidad.

Cabe esperar que este proceso será sencillo cuando se utilicen los controles estándar que son definidos por las tecnologías accesibles, no obstante, cuando se codifican componentes personalizados o se crean funcionalidades en un lenguaje como JavaScript, se deben tomar medidas adicionales para garantizar que dichos controles sirvan la información importante a las tecnologías de asistencia para que ellas la puedan controlar.

MÉTODO PARA HACER CUMPLIR ESTA CONFORMIDAD

Para los usuarios sin discapacidad visual, el contexto y la apariencia de un elemento pueden proporcionar señales suficientes para determinar su propósito. Un ejemplo de ello es el símbolo 'X' usado a menudo para indicar que el control se puede cerrar.

Sin embargo, para los usuarios con discapacidad visual, esos controles pueden suponer un problema porque las tecnologías de asistencia no saben qué representa. En estos casos, los controles pueden definir el atributo ARIA-LABEL para proporcionar un nombre accesible y así, aclarar su propósito en las situaciones en las que hay una etiqueta visible no clara o no hay una etiqueta visible debido al diseño elegido.

```
<div id="box">
   Esto es un diálogo emergente.
   <button aria-label="Close"
           onclick="closeDialog()"
           class="button">X</button>
</div>
```

Si el componente contiene múltiples campos, al definir el atributo ARIA-LABEL se proporciona un nombre accesible y una experiencia de edición mucho más rica.

```
<div role="group" aria-labelledby="phone">
  <span id="phone">Teléfono</span>
 +<input type="number" aria-label="Código de País">
  <input type="number" aria-label="Número de teléfono">
</div>
```

Otra técnica que nos puede ayudar es proporcionar un nombre accesible para los controles de la interfaz mediante la definición del atributo ARIA-LABELLEDBY.

El atributo ARIA-LABELLEDBY, puede aceptar múltiples IDs para apuntar a otros elementos de la página usando una lista separada por el espacio. Esta capacidad hace que sea especialmente útil en situaciones donde los usuarios sin discapacidad usan información del contexto circundante para identificar un control.

```
<div>
    <span id="logout-label" tabindex="-1">
        <label for="logout-duration">
            Extender el tiempo de la sesión
        </label>
    </span>

    <input type="text"
           size="3"
           id="logout-duration"
           value="20"
           aria-labelledby="logout-label logout-duration logout-unit">

    <span id="timeout-unit" tabindex="-1"> minutos</span>
</div>
```

Si nos fijamos en el código anterior, el atributo ARIA-LABELLEDBY, hace referencia al SPAN que contiene la etiqueta nativa, al elemento que contiene el valor predeterminado para ampliar el tiempo de sesión (en este caso '20') y al SPAN que contiene la unidad de medida de tiempo asociada al valor anteriormente descrito (en este caso 'minutos').

Otra técnica que nos puede servir para este requerimiento es aprovechar el comportamiento predefinido de los elementos HTML. Por ejemplo, los navegadores proporcionan unos mecanismos predefinidos para navegar y seleccionar enlaces.

```html
<a href="https://www.islavisual.com" role="link">Ir a islavisual.com</a>

<a href="https://www.islavisual.com" role="link">
    <img src="./link.png" alt="link-icon" /> Ir a islavisual.com
</a>
```

Si nos fijamos, en la declaración del segundo enlace, se define una imagen y se añade un espacio entre dicha imagen y el texto. La razón de hacer esto es porque, si la imagen no se renderiza y se muestra el texto alternativo, ambas palabras ("link-icon" e "Ir") se unirán y podrían confundirse como una sola.

En lo referente a los elementos de formulario, se deben definir de forma que no pierdan funcionalidad ni compresión.

```html
<fieldset>
    <legend>Formulario de contacto</legend>

    <label for="name">Nombre</label>
    <input id="name" type="text" title="Nombre" value="Anónimo" required>

    <input id="email" type="email" title="Email">

    <label for="reason">Razón de contacto</label>
    <select id="s1" size="1">
        <option>Información comercial</option>
        <option selected="selected">Averia</option>
        <option>Otros motivos</option>
    </select>

    <input type="button" value="Enviar" onclick="hacerAlgo()" />
</fieldset>
```

Si nos fijamos en el código anterior, en todos ellos se puede obtener el role, valor, nombre y estado.

▶ En el primer INPUT, el nombre lo establece el elemento LABEL y el valor es "Anónimo". Sin embargo, en el segundo INPUT, el nombre lo establece la propiedad TITLE y el valor es vacío. En ambos casos, el rol es DOCUMENT.

▶ Para el desplegable, la cosa cambia, porque el valor se establece por el atributo SELECTED del OPTION. Su nombre se define por el LABEL y su rol es TEXTBOX.

▶ Sin embargo, para de tercer INPUT, su atributo VALUE es quién establece el nombre y su rol es BUTTON.

Y, por último, otra técnica que nos puede ayudar a hacer cumplir este Criterio de Conformidad es garantizar que todas las etiquetas e instrucciones del contenido aclaren de la manera más simple posible el propósito de cada componente o control.

Por ejemplo, si se está ejecutando un componente que muestra una imagen y que posee la capacidad de aplicarle un efecto zoom, para que los usuarios puedan utilizar correctamente el componente, lo que se podría hacer es establecer unos botones textuales que pusieran explícitamente "Alejar imagen (- zoom)" y "Acercar imagen (+ zoom)".

Esta garantía también se puede conseguir si se dispone un botón pegado, a continuación de un control de entrada, como pueda ser un elemento INPUT de HTML, porque, visualmente funciona a modo de etiqueta.

```
<input id="search-terms" name="search-terms" />
<button>Buscar</button>
```

Introduzca texto a buscar Buscar

No obstante, el esclarecimiento del formato dentro de la propia etiqueta o la declaración de la propiedad TITLE de HTML pueden ser otros recursos que pueden funcionar.

```
<label for="birthdate">Fecha de nacimiento (DD-MM-YYYY)</label>
<input id="birthdate" />
```

```
<label for="birthdate">Fecha de nacimiento</label>
<input id="birthdate"
       title="Introduzca la fecha en formato DD-MM-YYYY" />
```

Pero, si en vez de un elemento de formulario, lo que se tiene es un elemento IFRAME de HTML, la propiedad TITLE también nos puede servir para proporcionar una descripción del marco.

```
<iframe src="banner.asp"
        id="banner-frame"
        name="banner-frame"
        title="Anuncio patrocinado">
    <a href="banner.asp">Anuncio patrocinado</a>
</iframe>
```

El enlace dentro del IFRAME es para que se pueda acceder al contenido si, por cualquier razón, no pudiese cargarse el marco en la página.

1.5.78 CC-4.1.3. Mensajes de estado

NC	Propósito
AA	Asegurar que los mensajes de estado implementados por los lenguajes de marcado como HTML puedan ser determinados a través de propiedades de modo o roles.

Más información en:
https://www.w3.org/WAI/WCAG21/Understanding/status-messages.html

ENTENDIMIENTO

Las personas que presentan una discapacidad visual total o parcial y aquellas que poseen discapacidad cognitiva pueden tener dificultades para captar los mensajes de estado que se producen en el contenido.

Por ejemplo, las personas que utilizan lectores de pantalla pueden no percibir que un mensaje que ha lanzado la aplicación es de estado y, en el caso de las personas que poseen una discapacidad cognitiva, puede que requieran un medio alternativo para poder retrasar o suprimir dichos mensajes.

Como su propio nombre indica, este Criterio de Conformidad está limitado a los mensajes de estado, pero ¿qué es un mensaje de estado?

Un mensaje de estado es un término que definió la WCAG para indicar que se trata de una información que advierte sobre el resultado de una acción (exitosa o no), de una información que advierte del estado de espera de un proceso o aplicación o, de una información que advierte sobre uno o varios errores. Asimismo, este mensaje o notificación de estado, no se entrega o presenta a través de un cambio de contexto.

Es decir, un mensaje alertando de que una operación de registro ha sufrido un error se considera un mensaje de estado, al igual que un mensaje, situado en la parte superior de una tabla, que indica que se han encontrado 17 resultados en un proceso de búsqueda.

Por el contrario, ni la visualización de un diálogo informativo emergente, ni la presentación de una lista de resultados de búsqueda (en el ejemplo anterior, 17) se consideran una actualización de estado, por lo que, estas últimas casuísticas, no están dentro del alcance de este Criterio de Conformidad.

MÉTODO PARA HACER CUMPLIR ESTA CONFORMIDAD

Notificar a los usuarios los campos que deben completarse cuando, estos, no han sido completados. Este requerimiento puede realizarse, por ejemplo, a través de los diferentes atributos que nos provee HTML.

```html
<form id="frm" action="">
    <div>
        <label for="username">Nombre de usuario</label>
        <input type="text"
               id="username"
               maxlength="50"
               required />
    </div>

    <div>
        <label for="password">Contraseña</label>
        <input type="text"
               id="password"
               required
               pattern=".{6,}" />
    </div>

    <div role="group" aria-labelledby="phone">
      <span id="phone">Teléfono</span>
     +<input type="number" aria-label="Código de País" size="3" />
      <input type="number" aria-label="Número de teléfono" maxlength="9" />
    </div>
</form>
```

Si nos fijamos en el código anterior, cada elemento INPUT tiene definidos unos atributos. Algunos como REQUIRED, son para obligar a usuario a que rellene los campos, otros, como MAXLENGTH o PATTERN, especifican una longitud y, otros, como TYPE, especifican que el formato.

En todos los casos, estos atributos harán que se rendericen y presenten los mensajes de forma adecuada.

Si lo que se desea es definir un mensaje personalizado, lo que se puede hacer es proporcionar acceso programático a los mensajes o notificaciones de estado a través de la propiedad ARIA-ROLE. Aunque esta propiedad admite una amplia gama de valores, el importante aquí es STATUS, porque es el que indica que el elemento o componente es un mensaje de estado.

```
<div role="status">
    <i class="fas fa-shopping-cart"></i>

    <span id="shopping-cart">0</span> productos añadidos
</div>
```

Si le diésemos un poco de estilo y lo ejecutásemos, el resultado podría ser algo como lo siguiente:

El ejemplo anterior nos puede ayudar si lo que se desea es describir mensajes sueltos. Ahora, si lo que se desea usar es un contenedor de mensajes, lo que se puede hacer es utilizar el atributo ARIA-LIVE.

Este atributo hace posible que se les notifique a las herramientas de asistencia cuando se inyectan mensajes de estado en un contenedor actualizable denominado "Live Region". Las herramientas de asistencia leen automáticamente el contenido de este contenedor y evitan tener que centrarse en dónde se produjeron los mensajes de estado.

```
<script type="text/javascript">
    function validateEmail(email) {
        var re = /^(([^<>()\[\]\\.,;:\s@"]+(\.[^<>()\[\]\\.,;:\s@"]+)*)|(".+"))@((\[[0-9]{1,3}\.[0-9]{1,3}\.[0-9]{1,3}\.[0-9]{1,3}\])|(([a-zA-Z\-0-9]+\.)+[a-zA-Z]{2,}))$/;

        return re.test(String(email).toLowerCase());
    }
```

```
function onsubmit() {
    var errors = document.getElementById('errors');
    errors.innerHTML = "";

    if (document.getElementById('name').val() === '') {
        errors.innerHTML += '<p>Por favor, inserte su nombre.</p>';
    }

    if (document.getElementById('surname').val() === '') {
        errors.innerHTML += '<p>Por favor, inserte sus apellidos.</p>';
    }

    if (document.getElementById('email').val() === '') {
        errors.innerHTML += '<p>Por favor, inserte un email.</p>';

    } else if (validateEmail('email')) {
        errors.innerHTML += `<p>
            Email no válido. Por favor, ingréselo de nuevo.
        </p>`;

    }

    return false;
}
</script>

<form name="signup"
    id="signup"
    method="post"
    action=""
    onsubmit="onsubmit()">

    <div id="errors"
        role="alert"
        aria-atomic="true">
    </div>

    <div>
        <label for="name">
            Nombre (obligatorio)
        </label>
        <input type="text" name="name" id="name" />
    </div>
```

```
<div>
    <label for="surname">
        Apellidos (obligatorio)
    </label>
    <input type="text" name="surname" id="surname" />
</div>

<div>
    <label for="email">
        Email (obligatorio)
    </label>
    <input type="email" name="email" id="email">
</div>

<div>
    <input type="submit" name="button" id="button" value="Submit">
</div>
</form>
```

Si lo que se desea hacer es notificarle al usuario que uno o varios elementos del formulario no han pasado la validación, una posible técnica es utilizar el atributo ARIA-INVALID, el cual, permite identificar de manera específica los campos dónde la validación no tuvo éxito.

```
<div class="control">
    <p>
        <label for="time">Tiempo trabajado: *</label>
        <input type="text"
                id="time"
                class="error"
                aria-invalid="true"
                aria-describedBy="message-required"
                required />
    </p>

    <span class="errtext"
            id="message-required"
            role="status">
        <h3>Error detectado</h3>
        ¿Quiso decir: 8 horas, 8 días, 8 semanas, 8 meses u 8 años?".
    </span>
</div>
```

Como se puede apreciar en el ejemplo anterior, cuando la actualización de estado es puede ser interpretada, se puede realizar sugerencias para ayudar al usuario a corregir un problema.

Si lo que se desea mostrar es un mensaje de alerta, otra técnica que es posible utilizar es el atributo ARIA-ALERTDIALOG para describir mensajes de estado. Con esta técnica, se puede alertar a los usuarios que utilizan herramientas de asistencia de que se ha producido una actualización de estado a modo de notificación. No obstante, si se quiere hacer uso de esta característica, el componente que lo defina debe comportarse como un modal y tener las siguientes particularidades:

▸ Debe facilitar un nombre accesible a partir de las propiedades ARIA-LABEL o ARIA-LABELLEDBY.

▸ Debe proporcionar una referencia al texto de la alerta a través de la propiedad ARIA-DESCRIBEDBY.

▸ Debe contener un elemento de formulario que pueda ser enfocable y, tomarlo en el momento de la apertura del diálogo.

▸ Debe proporcionar un orden específico de tabulación restringido o limitado dentro del diálogo mientras esté abierto.

▸ Debe regresar el foco al elemento o control que lanzó el diálogo cuando, este, sea cerrado por el usuario.

```
<div role="alertdialog"
     aria-labelledby="alertHeading"
     aria-describedby="alertText">
     <h2 id="alertHeading">Error en proceso de alta</h2>

     <div id="alertText">
         La fecha de nacimiento del empleado no puede ser mayor que la
         fecha de contratación. Por favor, revíse ambos valores.
     </div>

     <button>Volver a la página anterior y corregir el error</button>
     <button>Guardar y continuar</button>
</div>
```

Sin embargo, todas estas particularidades no servirán de nada si no tenemos en cuenta un detalle más. Los cuadros de diálogo no deben estar presentes hasta que vayan a utilizarse, es decir, no pueden ser definidos durante el proceso de carga ni cambiar su estado a ocultos porque, de lo contrario, las herramientas de asistencia podrían acceder a ellos e informar de manera incorrecta.

Para conseguir este último reto, una posible forma de hacer esto es crear e insertar el diálogo en el elemento BODY de la página y, cuando se cierre eliminarlo. Un posible ejemplo JavaScript podría ser:

```javascript
<script type="text/javascript">
    function showDialog(title, message){
        var dialog = document.createElement("div");
        dialog.setAttribute("role", "alertdialog");
        dialog.setAttribute("aria-labelledby", "alertHeading");
        dialog.setAttribute("aria-describedby", "alertText");

        var template = `<h2 id="alertHeading">` + title + `</h2>
            <div id="alertText">` + message + `</div>

            <button>Volver a la página y corregir el error</button>
            <button>Guardar y continuar</button>`;

        dialog.innerHTML = template;

        document.body.append(dialog);
    }

    function hideDialog(){
        document.querySelector('[role="alertdialog"]').remove();
    }
</script>
```

Anexo 1

HERRAMIENTAS PARA LA VALIDACIÓN
DE LA ACCESIBILIDAD WEB

A1 BASADAS EN NAVEGADOR

Existen muchos complementos para ayudar a validar la accesibilidad de los sitios web, no obstante, en muchas ocasiones estos complementos no son compatibles con todos los navegadores y hay que recurrir a componentes específicos de cada uno de ellos.

Entre los más conocidos podemos encontrar:

Extensiones / AddOns para Chrome

- ☞ **WAVE Evaluation Tool** permite realizar la evaluación de una página web y proporciona comentarios visuales sobre la accesibilidad de su contenido web mediante la inyección de iconos e indicadores.

- ☞ **WCAG Contrast Checker** evalúa el contraste en todos los elementos de la página considerando su estilo calculado para las propiedades CSS de color y color de fondo. En el caso de que estos colores se definan con valores RGBA, también considera la opacidad para deducir el color real que finalmente se muestra.

- ☞ **Accessibility monitor** es una herramienta que audita las páginas para detectar errores de accesibilidad a medida que se van utilizando.

- ☞ **Axe Web Accessibility Testing** permite verificar la accesibilidad para WCAG 2 y Sección 508, aunque sólo prueba los problemas de accesibilidad que pueden detectarse con precisión a través de la automatización, y solo prueba los componentes que realmente existen en la página o aplicación que está probando.

▶ **Total validator** permite realizar múltiples validaciones, desde HTML y CSS, hasta evaluaciones de accesibilidad web WCAG2 o US-508. Además, tiene corrector de enlaces rotos y corrector ortográfico en varios idiomas.

▶ **Color Contrast Analyzer** permite analizar una página web o una parte de una página web para cumplir con los requisitos de contraste de color de WCAG 2.0.

Extensiones / AddOns para Chrome

▶ **WAVE Accessibility Extension** permite realizar la evaluación de una página web y proporciona comentarios visuales sobre la accesibilidad de su contenido web mediante la inyección de iconos e indicadores.

▶ **WCAG Contrast Checker** evalúa el contraste en todos los elementos de la página considerando su estilo calculado para las propiedades CSS de color y color de fondo. En el caso de que estos colores se definan con valores RGBA, también considera la opacidad para deducir el color real que finalmente se muestra.

▶ **Axe Developer Tools** permite verificar la accesibilidad para WCAG 2 y Sección 508, aunque sólo prueba los problemas de accesibilidad que pueden detectarse con precisión a través de la automatización, y solo prueba los componentes que realmente existen en la página o aplicación que está probando.

▶ **Visual Aria** es una herramienta que permite a los ingenieros, evaluadores, educadores y estudiantes observar físicamente el uso de ARIA dentro de las tecnologías web, incluidas las funciones estructurales, de región en vivo y de widgets de ARIA 1.1, la anidación adecuada y la gestión del enfoque.

▶ **Totally Accessibility Toolkit** es una herramienta que muestra el rendimiento de las páginas con tecnologías de asistencia y permite observar problemas de tipo encabezado, contraste de color, textos de enlaces, etiquetas o alternativas de texto en imágenes.

▶ **Totally Automated Accessibility Scanner** es una herramienta que detecta e informa automáticamente las infracciones de accesibilidad comunes de las páginas.

▶ **Firebug** es un conjunto de herramientas con las que se puede revisar el CSS, HTML y JavaScript, comprobar la velocidad de carga, consultar la estructura del DOM, monitorizar y depurar el código fuente, entre otras funcionalidades.

▶ **HTML Validator** es una herramienta que agrega un monitor que valida el HTML y muestra el número de errores encontrados en forma de icono.

Extensiones / AddOns para Internet Explorer

▶ **Web Accessibility Toolbar** es una herramienta que ayuda a la evaluación de las páginas de forma manual para comprobar que se está cumpliendo con las Pautas de Accesibilidad para el Contenido Web 2.0.

Extensiones / AddOns para Safari

▶ **a11yTools - Accessibility Web** es una colección de herramientas para verificar la accesibilidad web HTML de forma rápida y fácil. Además de ejecutar la prueba de accesibilidad permite tomar una captura de pantalla que muestra el error "a11y".

A2 APLICACIONES DE ESCRITORIO

A2.1 Herramientas de Accesibilidad Web de Windows

Windows dispone de múltiples herramientas que pueden ayudar a las personas con discapacidad y mejorar un poco la accesibilidad web. En esta sección sólo presentaremos las "más conocidas", aunque hay bastantes más, todas ellas explicadas en la URL **https://www.microsoft.com/es-es/accessibility/windows**.

Magnificador pantalla de Windows

Windows dispone de un magnificador de pantalla denominado LUPA. Esta herramienta puede aumentar distintas partes de la pantalla y dispone de tres modos diferentes (a pantalla completa, modo lente y modo acoplado).

Teclado en pantalla de Windows

El teclado visual de Windows es una aplicación independiente que contiene todas las teclas estándar que, un teclado físico puede utilizar.

Sólo se necesita escribir "teclado en pantalla" en el menú de inicio y mostrará la aplicación para su utilización. Esta aplicación permite, además, su manejo a través de un ratón o dispositivo señalizador.

Narrador

Lee en voz alta el texto de la pantalla y describe algunos eventos y mensajes de error que se producen mientras se utiliza el sistema.

Para poder utilizarlo se debe configurar una voz y realizar algunos ajustes adicionales.

Reconocimiento de voz

Permite interactuar con el sistema utilizando únicamente la voz.

Para poder utilizarlo se deben realizar algunos ajustes como seleccionar el tipo de micrófono que se va a usar y pruebas de voz.

Métodos abreviados de teclado

Los métodos abreviados o atajos de teclado son combinaciones de dos o más teclas del teclado que, cuando se presionan, realizan una tarea que normalmente requiere un ratón u otro dispositivo señalador.

En Internet existen gran cantidad de fuentes dónde se describen, uno a uno, todos los atajos más recurrentes e, incluso, algunos desconocidos bastante útiles.

Photosensitive Epilepsy Analysis Tool / PEAT

Photosensitive Epilepsy Analysis Tool, también conocida como PEAT, es una herramienta que permite determinar si las animaciones o videos que se presentan o descargan en los sitios web y/o aplicaciones pueden causar convulsiones fotosensibles, es decir, si contiene parpadeos o transiciones rápidas entre los colores de fondo claros y oscuros.

URL de descarga: *https://trace.umd.edu/peat*

Job Access With Speech / JAWS

Job Access With Speech, más conocido como JAWS, es uno de los lectores de pantalla más extendidos para Windows y permite a todas las personas con discapacidad visual total o parcial percibir todo el contenido de las páginas web a través de la conversión de texto a voz o a una pantalla de braille actualizable. Además, es compatible con todas las versiones de Windows desde Windows Vista.

URL de descarga: *https://www.freedomscientific.com/products/software/jaws/*

A2.2 Mediante servicios web externos

Markup Validation Service

Markup Validation Service es servicio gratuito creado por la W3C que permite analizar los archivos de tipo HTML, XHTML, SMIL y MathML, entre otros, para verificar la validez en su marcado. La validación de marcado se realiza en contextos de accesibilidad, usabilidad y semántica web. Habitualmente, es utilizado de manera conjunta con CSS Validation Service para verificar las páginas.

URL: *https://validator.w3.org/*

CSS Validation Service

CSS Validation Service es un software creado por la w3c y pensado para diseñadores y desarrolladores web que permite revisar las hojas de estilo en cascada (CSS) y los documentos XHTML con hojas de estilo. Puede utilizarse mediante su servicio gratuito vía web, o puede descargarse para ser usado bien como un programa Java, o como un servlet java en un servidor web.

URL: *http://jigsaw.w3.org/css-validator/*

Link Checker

Link Checker es una herramienta web que busca problemas en vínculos, anclajes y otros objetos referenciados en una página web, hojas de estilo CSS o, recursivamente, en todo el sitio web completo. Para obtener mejores resultados, recomiendan que antes se verifiquen los documentos a través de los servicios de Markup Validation Service y CSS Validation Service de la W3C.

URL: *https://validator.w3.org/checklink*

Accessibility Checker

Accessibility Checker (AChecker) es una herramienta web que permite detectar e informar de las infracciones de accesibilidad en los contenidos, al mismo tiempo que proporciona recomendaciones sobre cómo repararlas. No obstante, sólo verifica los problemas de accesibilidad para la normativa WCAG 2.0.

URL: *https://achecker.ca/checker/*

TAW

TAW es una herramienta web que permite evaluar de forma automática la accesibilidad de una página web, utilizando para ello algunas técnicas recomendadas por las pautas de accesibilidad para el contenido web (WCAG 2.0). Además, puede indicar la existencia de un posible problema que el evaluador/a debe confirmar o descartar de manera manual.

URL: *https://www.tawdis.net/*

BIBLIOGRAFÍA

Preece, J, Rogers, Y, Sharp, H, Benyon, D, Holland, S & Carey, T. (1994). *Human-Computer Interaction*.

Addison-Wesley. (1993). *Designing the User Interface*.

B. Starke, ⌐ J. Ormsbee Simonds. (2013). *Landscape Architecture, Fifth Edition: A Manual of Environmental Planning and Design*. McGraw-Hill Education; Edición: 5.

Braziller, G. (2009). *General System Theory*.

Commons Wikipedia. (2017). *Wikipedia*. Obtenido de https://es.wikipedia.org/

Cugini J, Laskowski S. (2001). *Design of a File Format for Logging Website Interaction*.

Design Thinking. (2018). *Design Thinking en Español*. Retrieved from http://designthinking.es/

Dix, A. (2018). *Usability*. Retrieved from Alan Dix Blog: http://alandix.com/blog/tag/usability/

Fernández Casado, Pablo E. (2018). *Usabilidad Web, Teoría y Uso*.

García, C. E. (2007). Diseño web para tod@s I: Accesibilidad al contenido de la web.

Google. (2017). *Google Developers*. Retrieved from Build anything with Google: https://developers.google.com/

Granollers, i. S. (2004, Julio). "MPIu+a. Una metodología que integra la Ingeniería del Software, la Interacción Persona-Ordenador y la Accesibilidad en el contexto de equipos de desarrollo multidisplinares". Lleida, LLeida.

Grudin, J. (1992). *Utility and usability: research issues and development contexts*.

Guidance on usability. (1998). *ISO. Ergonomic requirements for office work with visual display terminals (VDTs)-Part 11.*

Hansen, W. J. (1971). *User Engineering Principles for Interactive Systems.*

Heller, E. (2004). *Psicología del color.*

Interaction Design Foundation. (n.d.). *Open Source, Open-access literature.* Retrieved from Interaction Design Foundation Literature: https://www.interaction-design.org/literature

ISO. (1998). *International Organization for Standardization.* Retrieved from ISO 9241-11:1998 Ergonomic requirements for office work with visual display terminals (VDTs) -- Part 11: Guidance on usability: https://www.iso.org/standard/16883.html

ISO/IEC 25011. (2015, 02 03). ISO/IEC CD 25011.3 Information technology – Service Quality Requirement and Evaluation (SQuaRE) – Service Quality Model. Switzerland.

Krug, S. (2000). *Don't make me think.*

Licklider, J. (1960). *Man-Computer Symbiosis.*

LinkedIn SlideShare. (2018). *LinkedIn SlideShare.* Retrieved from https://es.slideshare.net/

M. Macleod, R. Bowden and N. Bevan. (2017). *The MUSiC Performance Measurement Method.* Retrieved from http://www.usabilitynet.org/papers/muspmm97.pdf

Mandel, T. (1997). *The Golden Rules of User Interface Design. Chapter 5.* Retrieved from theomandel.com: http://theomandel.com/wp-content/uploads/2012/07/Mandel-GoldenRules.pdf

Moggridge, B. (2007). *Designing Interactions.*

Mora, S. L. (2017). *Universidad de Alicante.* Obtenido de Accesibilidad Web: http://accesibilidadweb.dlsi.ua.es/

Nielsen Norman Group. (2018). *Nielsen Norman Group. Evidence-Based User Experience Research, Training, and Consulting.* Retrieved from https://www.nngroup.com/

Nielsen, J. (1995). *10 Usability Heuristics for User Interface Design.* Retrieved from https://www.nngroup.com/articles/ten-usability-heuristics/

Nielsen, J. (2012). *Usability 101: Introduction to Usability.* Retrieved from https://www.nngroup.com/articles/usability-101-introduction-to-usability/

Norman, D. A. (1988). *The Psychology Of Everyday Things.*

Norman, D. A. (2002). The Design of Everyday Things.

Pablo E. Fernández. (2018). *Islavisual.* Retrieved from http://www.islavisual.com

PAE (Portal de Administración Electrónica). (2017). *Portal de Administración Electrónica.* Obtenido de https://administracionelectronica.gob.es

Penny, S. (2012). *LinkedIn SlideShare.* Retrieved from Towards a Performative Aesthetics of Interactivity: https://www.slideshare.net/rhyanal/penny-slideshow

Portal de Administración Pública. (2012). Obtenido de UNE 139803 - Requisitos de accesibilidad para contenidos en la Web: http://administracionelectronica.gob.es/ PAe/accesibilidad/UNE139803=2012.pdf

Revista Cubana de Información en Ciencias de la Salud. (2017). *Usabilidad de los sitios Web, los métodos y las técnicas para la evaluación.* Obtenido de http:// www.acimed.sld.cu/index.php/acimed/article/view/405/306

Revista Latinoamericana De Ingenieria De Software (ReLAIS). (s.f.). *Ingeniería de Usabilidad.* Obtenido de Una Propuesta Tecnológica para Contribuir a la Evaluación de la Usabilidad del Software: http://sistemas.unla.edu.ar/sistemas/ redisla/ReLAIS/

Rogers, Y. (2012). *HCI Theory: Classical, Modern, and Contemporary.*

Sharp H, Rogers, Y, Preece, J. (2007). *Interaction Design. Beyond Human Computer Interaction.*

Shneiderman, B. (2018). *The Eight Golden Rules of Interface Design.* Retrieved from https://www.cs.umd.edu/users/ben/goldenrules.html

Sidar. (2017). *Seminario Iberoamericano sobre Diversidad y Accesibilidad en la Red.* Retrieved from Fundación Sidar - Acceso Universal: http://www.sidar.org/

Slack N., Chambers S., Johnston R. (2008). Operations Management.

Software Process Improvement Laboratory. (2015). *Improving enterprise effectiveness through process measurement and improvement.* Retrieved from ISO/IEC 25011 CD2 Information technology – Service Quality Requirement and Evaluation (SQuaRE) – Service Quality Model: http://www.spilab.co.za/ professional-activities/emerging-iso-standards/107-25011/210-iso-iec-25011- cd2-information-technology-service-quality-requirement-and-evaluation- square-service-quality-model

Suárez Torrente, M. d. (2011). *SIRIUS: Sistema de Evaluación de la Usabilidad Web Orientado al Usuario y basado en la Determinación de Tareas Críticas.*

W3.org. (2017). *How to Meet WCAG 2.0*. Retrieved from A customizable quick reference to Web Content Accessibility Guidelines (WCAG) 2.0 requirements (success criteria) and techniques.: https://www.w3.org/WAI/WCAG20/quickref/

Wendy W. Moe, Peter S. Fader. (2004). *Capturing Evolving Visit Behavior in Clickstream Data*.

Whiteside J, Bennett J, Holtzblatt K. (1988). *Usability engineering: Our experience and evolution*.

Wikipedia 2017-2018. La enciclopedia de contenido libre que todos pueden editar.

SÍGUENOS EN INSTAGRAM Y ACCEDE GRATIS A NUESTRA BIBLIOTECA DIGITAL DURANTE 30 DÍAS.

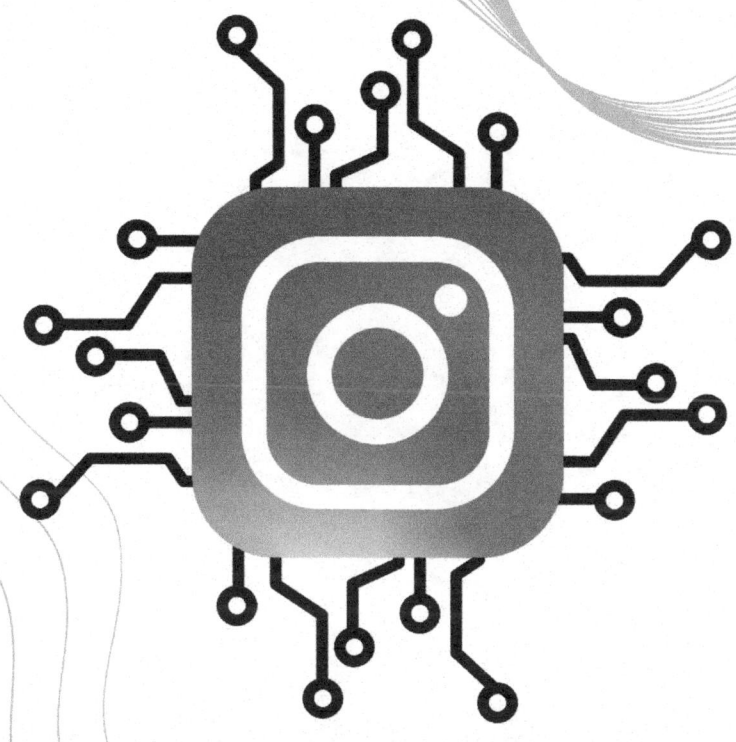

@grupoeditorialrama

¡ENVÍANOS TU MAIL POR PRIVADO!

Grupo Editorial
ra-ma

40 ANIVERSARIO